그럼에도 살아냅시다

그럼에도 살아냅시다

지은이 · 김양재
초판 발행 · 2015. 03. 17
13쇄 발행 | 2023. 6. 23
등록번호 · 제1988-000080호
등록된 곳 · 서울특별시 용산구 서빙고로 65길 38
발행처 · 사단법인 두란노서원
영업부 · 2078-3333 FAX 080-749-3705
출판부 · 2078-3331

책 값은 뒤표지에 있습니다.
ISBN 978-89-531-2174-4   03230

편집부에서 독자의 의견을 기다립니다.
tpress@duranno.com   http://www.Duranno.com

두란노서원은 바울 사도가 3차 전도여행 때 에베소에서 성령 받은 제자들을 따로 세워 하나님의 말씀으로 양육
하던 장소입니다. 사도행전 19장 8-20절의 정신에 따라 첫째 목회자를 돕는 사역과 평신도를 훈련시키는 사역,
둘째 세계선교(TIM)와 문서선교(단행본 · 잡지) 사역, 셋째 예수문화 및 경배와 찬양 사역, 그리고 가정 · 상담 사
역 등을 감당하고 있습니다. 1980년 12월 22일에 창립된 두란노서원은 주님 오실 때까지 이 사역들을 계속할
것입니다.

김양재의 큐티 노트 · 창세기2

그럼에도 살아냅시다

김양재 지음

두란노

contents

프롤로그
오늘을 살아내십시오

지난해 우리들교회에 처음 오신 분이 있었습니다. 고통스럽고 팍팍한 삶의 무게에 눌려 자살을 생각하며 지내던 중 버스를 타고 가다 우리들교회 판교 채플 외벽 현수막에 적힌 한 줄의 글귀를 보고 마음을 돌이켜 발걸음을 교회로 돌렸다고 합니다. 죽음을 향하던 그분의 발걸음을 생명으로 돌이키게끔 했던 글귀는 '그럼에도 살아냅시다'였습니다. 비단 그분뿐 아니라 자신은 신앙이 없지만 우리들교회에 걸린 그 글귀를 보고 삶에 대한 소망을 다시 갖게 되었노라며 정말 감사하다는 메일을 이따금 받곤 했습니다.

지난 2014년 창세기 큐티 노트 1권 《보시기에 좋았더라》에 이어 2권 《그럼에도 살아냅시다》를 출간하게 되었습니다. 이 책은 창세기 6장부터 11장까지의 내용으로, 죄악이 관영한 시대 속에서 하나님은 죄악을 심판하시지만, 바라크의 복을 베푸심으로 우리를 구원하시고 구속사의 길을 열어 가신다는 메시지로 구성되어 있습니다.

인간의 죄악으로 쓸어버리시는 심판 가운데서도 여호와의 은혜를 입은 남은 자가 구속사를 이어가며 구원의 사명을 감당하게 됩니다. 그래서 우리가 믿고 의지하는 하나님은 어떤 상황에서도 다시금 복 주시는 하나님이시며, 고난 속에서도 언약을 허락하심으로 나뿐만 아니라 우리의 자녀, 후손까지 책임져 주시는 분입니다. 그렇기 때문에 인간의 끝은 하나님의 시작이며, 끝인 듯 보이는 현실의 환경도 실상은 결코 끝이 아닌 것입니다.

말씀 묵상, 즉 QT는 생각하는 훈련입니다. 생각(Think)을 잘못하면 가라앉게(Sink) 되거나, 자기 열심과 의로 무조건 밀어붙이는 삶(Tank)을 살게 됩니다. 하지만 생각(Think)을 제대로 하면 감사하게(Thank) 됩니다. 그래서 말씀 묵상의 목적은 여호와의 장막에 거할 수 없는 나의 죄를 가려 주시고 구원의 장막으로 옮겨 주시는 하나님께 대한 감사입니다.

저는 어릴 적부터 몸도 맘도 연약하기 그지없었고, 그러다 보니 일 년 중 많은 날들을 학교에 가지 못했습니다. 생활고로 인한 아르바이트, 긴장상태의 학창시절과 결혼생활 등 극도의 스트레스를 겪으면서도 살아남게 된 것은 전적으로 하나님이 나의 하나님이셨기에 가능했습니다.

이러한 광야의 시간을 지나면서도 인생이 죄인이기에 외롭고 힘들었습니다. 하지만 하나님은 저를 죄에 민감케 하셔서 회개할 수밖에 없는 인생을 살게 하셨고, 영적 생명을 낳는 생명의 족보를 이어가게 하셨습니다. 그래서 지금은 흩어짐의 사건을 당한 힘든 사람들을 보면 눈물이 나고, 그것이 하나님만을 붙잡게 되는 축복임을 알려 주는 사명의 길을 걷게 되었습니다.

모쪼록 이 책을 여는 모든 분들 또한 비록 죄와 상처로 얼룩진 환경일지라도 내 죄를 위해 죽으신 성자 예수님이 내 삶을 디자인하셨음을 깨닫고, 성령 하나님의 도우심으로 성부 하나님의 영원한 언약을 기억하면서 '그럼에도 오늘을 살아내시길' 축원합니다.

2015년 3월
우리들교회 담임목사
김양재

part

1

악한
시대의
예배자

chapter 1

나의 모든 생각과 계획이
항상 악함을 봅니다.
타인의 죄가 아니라 나의 죄를 보게 하시고,
악하고 음란한 이 세상에서
어떻게 살아야 하는지
가르쳐 주옵소서.

죄악 중에서도
은혜를 입게
하옵소서

우리들교회 목장에서 한 목원이 이런 질문을 던졌습니다.

"우리들교회에서는 죄 고백을 강조하고, 간증할 때도 엄청난 죄의 고백을 듣고 있어요. 그런데 제가 아는 하나님은 죄의 값으로 응징하시는 분은 아니에요. 하나님은 끝까지 기다리고 사랑해 주시는 분이니까요. 저는 요즘 무슨 일이든 하나님께 엎드려 기도하면 최선의 것으로 주시는 응답을 받고 있어요. 그렇게 사랑이 많으신 하나님인데, 자꾸 죄 문제를 다루다 보면 믿음이 연약한 분들에게는 무서운 하나님으로만 보이지 않을까요?"

여러분이 이런 질문을 받는다면 어떻게 대답하시겠습니까?

물론 하나님은 사랑이십니다. 그리고 공의의 하나님이시기도 합니다. 사랑의 하나님만 부르짖으면 듣기에는 편할 수 있습니다. 그러나 사랑의 하나님만 부르짖다가는 고난이 왔을 때 해결하지 못합니다. 사랑의 하나님인데 왜 어려움을 허락하시는지 해석을 못합니다. '하나님은 무엇이든 달라고 할 때 주시는 분'이라고만 가르치면 고난에서 일어나지 못하고 망하게 됩니다. 자식이 원하는 것을 다 들어주는 부모는 없습니다. 아이가 사탕을 원한다고 다 주다가는 건강을 해치기 때문입니다.

사랑의 하나님이기에 은혜를 주시지만, 그 은혜는 내가 죄인이라는 인식이 있어야 받을 수 있습니다. 창세로부터 인간이 100퍼센트 죄인이기에, 공의의 하나님께서 인류의 죄를 심판하시고 죄에서 돌이키기를 원하십니다.

그러므로 하나님의 심판이 우리를 대접해 주시는 사랑입니다. 심판을 통해서 회개하고 돌아오라고, 그 자녀를 애타게 부르시는 하나님의 사랑입니다.

인류의 죄악은 불신결혼에서 시작된다

> [1]사람이 땅 위에 번성하기 시작할 때에 그들에게서 딸들이 나니 [2]하나님의 아들들이 사람의 딸들의 아름다움을 보고 자기들이 좋아하는 모든 여자를 아내로 삼는지라(창 6:1-2)

생육하고 번성하여 땅에 충만하라고 하신 말씀대로 인류가 번성했습니다. 하나님을 믿는 사람에게나 안 믿는 사람에게나, 번성은 하나님의 은혜이고 약속의 성취입니다.

그런데 믿는 사람이나 안 믿는 사람이나 번성하면 악을 행합니다. 어려울 때는 하나님을 찾다가 번성하면 하나님을 떠나 악을 행하는 것이 인간의 본성입니다. 인간이 행하는 가장 대표적인 악이 불신결혼입니다. 제가 하는 말이 아니라 성경 곳곳에서 불신결혼의 악을 지적하고 경고하십니다(수 23:12-13, 느 13:23-28). 하지만 아무리 안 된다고 해도 다들 하고 싶은 대로 불신결혼을 합니다.

하나님은 혼돈 가운데 빛을 주시고, 뱀(사탄)의 공격에 여인의 후손 예수님을 주셔서 구속사를 완성해 가십니다. 그런데 그 과정에서 예수님이 오실 구속사의 계보를 어떻게든 방해하려는 세력이 나타납니다. 예수님이 오시는 걸 끊임없이 막으려고 합니다. 그 만큼 중요하기에 계속 방해하는 것입니다. 아벨을 살해하는 가인이 있고, 하나님의 아들들을 유혹하는 사람의 딸들이 있습니다. 끊임없는 영적 싸움이 반복됩니다. 또한 반복되어도 깨닫지 못하기에 하나님은 계속 말씀하십니다. 구원을 두렵고 떨림으로 이루어 가야 하기 때문에 우리의 악이 끊임없이 심판받아야 합니다.

사람의 딸들은 문자적으로는 가인의 후예를 가리킵니다. 가인의 후예 가운데 음악의 조상, 기계 문명의 조상이 나왔습니다. 화려한 환경에서 아름다운 음악을 듣고, 맛있는 음식을 먹고 사는 가인의 후예가 얼마나 보기에 좋습니까! 믿음과 상관없이 최고의 조건을 갖추고 있으니 어떻게든 결혼하고 싶지 않겠습니까? 그래서 그럴 때는 사랑의 하나님만 부르짖습니다. "하나님은 사랑의 하나님이야! 내가 행복하길 원하시고 내가 원하는 건 들어주신다고. 불신결혼을 하고 살아도 하나님은 나를 지켜 주시고 축복해 주신다니까!" 하면서 자기 선택을 합리화합니다.

사람의 딸들의 '아름다움을 보고'는 '육신의 정욕을 만족시킬 목적으로, 음욕의 시선으로 바라본다'는 뜻입니다. 최근에 '프로아나'(pro-ana)라는 신조어가 생겼다고 합니다. 찬성과 지지를 뜻하는 'pro'와 거식증을 뜻하는 'anorexia'의 합성어입니다. 이는 거식증에 호의적인 사람을 가리키는 단어입니다. 살을 빼기 위해서 음식을 먹고 일부러 토해 내거나 아예 거부하는 것이 거식증인데, 많은 여성들이 살찌는 것에 대한 공포로 거식증에 걸립니다. 그들은 육체적으로는 불임이나 신진대사 장애를 겪고, 정신적으로도 심각한 두려움에 사로잡힙니다. 그런데 날씬한 몸매를 얻기 위해서 그런 거식증을 지지하고, 배우려는 사람들이 생긴 것입니다. 거식증의 위험을 경고해도 "망쳐도 우리 몸 망치는데 왜 신경을 쓰느냐"면서 받아들이지 않습니다. 왜곡된 아름다움, 미모에 대한 열광이 죽음에 이르는 질병으로 젊은이들을 내몰고 있습니다.

셋의 후손이 화려한 가인의 후손을 부러워하다 드디어 실행에 옮깁니다. 누구도 예외가 없습니다. 하나님의 아들들이 '자기들이 좋아하는 모든 여자'를 아내로 삼았습니다. 거식증에 걸려도 날씬하고 예쁘기만 하면 믿음도 상관없고 유부녀라고 해도 관계 없습니다. 재물이 있고 외모가 뛰어나면 믿음은커녕 유부남도 가리지 않고 사랑이라는 이름으로 관계를 맺습니다.

로저. P. 다니엘은 하나님이 결혼제도를 허락하셨지만 아무하고나 결혼할 자유를 주신 것은 아니라고 말합니다. 결혼에서 대부분의 구역이 그리스도인들에게 출입금지 구역이고, 하나님께서 친히 큼지막한 표지판을 세우셔서 '불신결혼의 길로는 가지 말라'고 하셨습니다. "너희는 믿지 않는 자와 멍에를 함께 메지 말라 의와 불법이 어찌 함께하며 빛과 어둠이 어찌 사귀며"(고후 6:14) 하신 말씀이 그것입니다.

불신결혼이 가장 큰 악인 이유는 예수님이 오시는 것을 직접적으로 막기 때문입니다. 여호수아서에도 마지막에 한 가지 구체적으로 지적한 적용이 불신결혼입니다. 여호수아가 가나안에 들어간 이스라엘 백성에게 이방인과 결혼하지 말라고 하면서, 이것이 그들에게 올무와 덫이 되고 채찍과 가시가 되리라고 경고합니다(수 23:12-13). 불신결혼이 개인과 가족의 구원을 막는 심각한 것이기에 성경 전체를 통해 반복해서 경고하시는 것입니다.

◇◇◇◇ 돈, 학벌, 외모를 보고 좋아하는 모든 자로 배우자(사위, 며느리)를 삼으며, 결혼해서 전도한다고 불신결혼을 합리화합니까? 불신결혼이 하나님의 은혜를 내 정욕을 채우는 데 사용하는 심각한 죄라는 걸 알고 있습니까?

> 여호와께서 이르시되 나의 영이 영원히 사람과 함께하지 아니하리니
> 이는 그들이 육신이 됨이라 그러나 그들의 날은 백이십 년이 되리라
> 하시니라(창 6:3)

선악과를 먹은 아담도, 살인을 저지른 가인도 포기하지 않고 양육하셨던 하나님이, 불신결혼한 자들에게서는 떠나겠다고 하십니다. 하나님의 생기가 들어가서 인간이 생령이 되었는데(창 2:7), 하나님의 영을 떠난 인간은 하나님과의 인격적인 교제가 끊어진 육체 덩어리에 불과합니다.

그래도 그들의 날이 120년이 되게 하신 것은 심판 전에 돌이키라고 주신 유예기간입니다. 혹시 불신결혼을 했더라도, 지금 하나님의 말씀을 들음으로써 120년의 유예기간을 받은 것입니다.

> 당시에 땅에는 네피림이 있었고 그 후에도 하나님의 아들들이 사람의
> 딸들에게로 들어와 자식을 낳았으니 그들은 용사라 고대에 명성이 있
> 는 사람들이었더라(창 6:4)

하나님이 영원히 함께 있지 않겠다고 하시는데도 '그 후에도' 여전히 불신결혼을 합니다. 왜 그럴까요? 이들이 '네피림', 즉 거인(giant)이라서

그렇습니다. 키도 크고 잘생기고 직장도 좋고 보기에 너무 멋있기 때문에 쉽게 불신결혼을 합니다. 게다가 불신결혼해서 낳은 자녀들이 용사입니다. 환경이 좋으니 갈수록 하나님과 멀어지고 하나님과 상관없는 삶을 사는 것입니다. 하나님 없이 거인과 결혼하고 용사를 낳는 것이 하나님이 떠나시는 심판입니다.

불신결혼은 하나님이 복을 안 주시는 수준이 아니라 승인하지 않으십니다. 주 안에서 하는 결혼도 어려움이 많은데 이미 무너진 기초 위에 세워진 혼합 가정이 행복할 소망은 거의 없습니다. 결혼은 거인이나 용사가 아닌 하나님의 사람과 해야 합니다. 결혼의 목적은 자손 대대로 하나님의 사람을 만드는 것, 하나님의 자녀를 만드는 것 그 이상도 이하도 아닙니다.

로저. P. 다니엘은 이 땅에서 결혼만큼 더 강력한 결속과 매임이 없다고 했습니다. 그래서 '멍에를 함께 메지 말라'(고후 6:14)는 표현을 사용했습니다. 멍에를 함께 메는 것은 강제로 같이 일하는 것입니다. 사랑이라는 이름으로 합리화해서 구원받지 못한 사람과 결혼하면 그 사람과 강제로 멍에를 지는 것이니 얼마나 힘들겠습니까! 머지않아 스스로 속았다는 사실을 알게 되고 때늦은 후회를 하면서 영적인 공허감으로 슬픔에 빠집니다.

또 '구원받은 체하는 불신자들'에게 속아 넘어가는 경우도 있습니다. 구원을 얻었다고 시인하는 남자친구, 여자친구에게 정말 그리스도에 대한 사랑이 있는지, 정말 영생을 소유하고 있는 특징이 있는지 살펴야 하는데 사랑에 눈이 멀어서 살피지 못하는 것입니다.

저도 숱하게 그런 경우를 보았습니다. 혼인을 앞둔 당사자나 부모들에게 교회에 다닌다고 전부가 아니다, 구원의 확신이 있는지 살펴봐야 한다, 말씀이 깨달아지는지 지켜보자고 하면 "왜 사람을 의심합니까?" 하고 따집니다. 그러나 우리는 결혼하기 전에 계속 따져야 합니다. 정말 영생이 있는가, 진짜 주님을 사랑하는가, 진짜 예수 씨가 있는가를 보아야 합니다. 용모의 거인, 학벌의 거인, 재물의 거인을 만나 다른 것은 다 덮어두려고 하면 안 됩니다.

그래도 로저. P. 다니엘의 말처럼 영적인 공허감을 느끼는 것은 구속사를 이어갈 셋의 자손이기 때문이라고 생각합니다. 가인의 후예는 그런 공허감도 모르고 살다가 영원히 하나님을 떠날 수 있는데, 결혼 후에라도 슬픔을 느끼고 하나님을 찾을 수 있다면 감사한 일입니다.

◇◇◇◇◇ 육적인 사랑과 조건 때문에 불신결혼을 해서 하나님과 교회를 떠난 육체 덩어리가 되었습니까? 아무리 잘난 사람도 120년의 한계 속에서 죽을 수밖에 없는 인생이라고 네피림 배우자, 용사 자녀에게 외치고 있습니까? 인간에게 허락하신 한계가 구원의 유예기간임을 알고 있습니까?

죄의 결과로 하나님의 심판이 임한다

> ⁵ 여호와께서 사람의 죄악이 세상에 가득함과 그의 마음으로 생각하는 모든 계획이 항상 악할 뿐임을 보시고 ⁶ 땅 위에 사람 지으셨음을 한탄하사 마음에 근심하시고 ⁷ 이르시되 내가 창조한 사람을 내가 지면에서 쓸어버리되 사람으로부터 가축과 기는 것과 공중의 새까지 그리하리니 이는 내가 그것들을 지었음을 한탄함이니라 하시니라 (창 6:5-7)

사람을 창조하시고 '보시기에 심히 좋았더라'고 하셨던 하나님이 그들을 지면에서 쓸어버리겠다고 하십니다. 모두 연합해서 악을 행하고 돌이키지 않기에 참다못해 쓸어버린다고 하십니다. 쓸어버리신다고 무서운 하나님입니까? 하나님이 짐승을 보고 근심하며 한탄하셨다는 말씀은 없습니다. 악을 행해도 내 자녀입니다. 하나님의 자녀이기에 나에게 관심을 가지고, 나의 악에 대해 근심하고 한탄하십니다. 하지만 '마음으로 생각하는 모든 계획'이 '항상' 악하기 때문에, 자녀의 악을 보다 못해서 심판을 선포하시는 것입니다.

너무도 감사한 것은 하나님께서 우리의 악함을 '보셨다'는 것입니다. 마음으로 생각하는 모든 계획이 항상 악할 뿐임을 다른 사람은 몰라도 하나님이 보셨다는 것입니다. 내가 보지 못하는 배우자의 악, 자녀의 악을 하나님께서 보시니 안심입니다. 그러니 "당신이 그렇게 악할 줄 몰랐다"고 펄펄 뛰지 마십시오. 나는 몰라도 창조주 하나님께서 그 악을 먼저 보셨기에 하나님이 처리해 주실 것을 믿고 기다리면 됩니다.

예수님은 이 땅에 초라한 목수의 아들로 오셨습니다. 육신으로는 누가 거들떠보지도 않게 초라한 모습으로 오셨을지 몰라도 영으로는 자기의 의로우심을 나타내셨습니다. '의로우심'은 이 땅의 악에 대해 한탄하고 이 땅의 악에 대해 고통하는 것입니다. 이것이 예수님의 의로우심의 절정입니다. 예수 믿는 우리 역시 다른 사람의 악함을 보며 근심하고 한탄해야 합니다. 사업이 부도나서 근심하고, 배우자가 외도를 해서 가슴이 무너지고, 자녀가 속을 썩여서 근심하는 것이 아니라 하나님을 모르는 그들의 악에 대해 고통해야 합니다. 반대로 사업이 잘되고, 배우자가 잘해 주고, 자녀가 공부를 잘해도 예수님을 믿지 않는다면 그것이 쓸어버림을 당할 악이라는 걸 알고 고통해야 합니다. 자녀에게 예수가 없기 때문에 눈물 흘리며 애통하는 기도는 땅에 떨어지는 법이 없습니다. 자식의 악 때문에 애통하면 내 속의 악이 생각나기 시작합니다. 앉으나 서나 우리는 항상 악하기에 회개해야 합니다.

매사에 뛰어난 거인과 용사로 살아갈 때는 악이 잘 드러나지 않습니다. 모든 것이 풍족하니 욕심도 잘 드러나지 않고, 만사가 편할 때는 성품도 너그러워집니다. 속에는 똑같은 악이 있어도 잘 먹고 잘사는 환경으로 잘 감추고 살아갑니다. 그러다 부도가 나고 배신을 당하면 '너 죽고 나 죽자'면서 감춰진 악이 드러납니다. 먹고살 것이 없어지면 감추고 있던 욕심과 이기심이 드러나게 됩니다.

하나님께서 손수 창조하신 인간을 쓸어버리겠다고 하실 정도로 우리는 악한 존재입니다. 악이 드러나는 것이 감당하기 힘들어도 그 악을 하나님이 보시고 쓸어버리시기 때문에, 드러나는 것이 축복입니다. 나와 가족의 악을 보시고 쓸어버리시는 것이, 영원한 멸망에서 구원하시려는 하나님의 사랑입니다.

◇◇◇◇◇ 내 생각과 계획이 항상 악할 뿐임을 인정합니까? 돈을 좇아 주식과 투기를 하다가 돈을 쓸어버림 당했습니까? 외모를 좇아 성형수술과 다이어트를 했다가 부작용으로 쓸어버림을 당했습니까? 나의 악을 쓸어버리셨기에 하나님을 만났다고, 심판의 사건이 하나님의 사랑이라고 감사함으로 고백합니까?

은혜를 입은 한 사람, 노아

> ⁸그러나 노아는 여호와께 은혜를 입었더라 ⁹이것이 노아의 족보니라 노아는 의인이요 당대에 완전한 자라 그는 하나님과 동행하였으며 ¹⁰세 아들을 낳았으니 셈과 함과 야벳이라 ¹¹그때에 온 땅이 하나님 앞에 부패하여 포악함이 땅에 가득한지라 ¹²하나님이 보신즉 땅이 부패하였으니 이는 땅에서 모든 혈육 있는 자의 행위가 부패함이었더라 (창 6:8-12)

부패와 포악함이 충만한 세상에 성령 충만한 한 사람, 노아가 있습니다. 노아가 잘나서 남은 자가 된 것이 아닙니다. 여호와께 은혜를 입었기에 남은 자가 되어 구속사를 이어갈 수 있었습니다.

쓸어버리시는 심판 가운데 남은 자가 되기 위해서, 여호와의 은혜를 입어야 합니다. 어떻게 은혜 입은 자가 될까요? 하나님께서 쓸어버리실 수밖에 없는 나의 악을 인정할 때 여호와의 은혜를 입게 됩니다. 나와 가족의 죄를 인정하고 고통하는 사람이 의인이요 완전한 자입니다.

인류의 죄악으로 인해 근심하고 고통하시다가 예수님이 십자가에 달려 돌아가셨습니다. 나의 악에 대해 고통하시며 십자가의 희생으로 그 악을 물리치셨습니다.

부패와 포악함이 충만한 가정과 공동체라도 거기에서 악에 대해 고통하는 한 사람이 있으면 살아날 수 있습니다. 노아가 남은 자가 되어 예수님이 오시는 구속사를 이었듯이, 악에 대해 고통하며 눈물 흘리는 나를 통해 가정의 구원, 공동체의 구원이 이루어집니다.

하나님은 저와 여러분을 사랑하십니다. 사랑하시기에 우리의 악을 보시고 근심하며 한탄하십니다. 그 악을 쓸어버리겠다고 하십니다. 그 사랑을 깨닫고 나와 가족의 악을 인정하며 고통하는 것이 은혜 입은 자의 태도입니다. 폭력과 거짓말, 술과 음란으로 쓸어버림을 당하는 사건이 와도, 여호와의 은혜를 입은 한 사람으로 인해 우리 가정의 구속사가 이어집니다.

◇◇◇◇◇ 음란으로 부패한 배우자, 중독과 폭력으로 포악한 자녀가 있습니까? 그들로 인해 극심한 고난을 겪으면서 하나님을 바라볼 수밖에 없는 은혜를 입고 있습니까? 완전할 수 없는 죄와 상처의 환경 속에서, 날마다 큐티와 기도와 예배로 하나님과 동행하는 완전한 자가 되고 있습니까?

말씀으로 기도하기

하나님은 때로 심판으로 우리를 다스리십니다. 우리가 100퍼센트 죄인이기에, 심판을 하셔서라도 돌아오게 하시는 것이 하나님의 사랑입니다.

인류의 죄악은 불신결혼에서 시작됩니다.(창세기 6:1-2)
하나님의 은혜로 생육, 번성, 충만하게 하시는데 번성하므로 악을 행하는 것이 나의 본성입니다. 정욕과 욕심으로 하는 불신결혼이 가족의 구원을 막는 가장 큰 죄인 것을 알게 하옵소서. 불신결혼을 하지 않게 하시고, 이미 했다면 말씀을 듣는 지금부터라도 구원을 위해 헌신하기 원합니다.

죄로 인해 하나님이 함께하실 수 없습니다. (창세기 6:3-4)

불신결혼은 복을 안 주시는 수준이 아니라 하나님이 승인하지 않으십니다. 믿음이 없는 거인과 결혼해 용사를 낳고 사는 것이 하나님이 나를 떠나시는 가장 무서운 심판임을 알게 하소서. 그래서 불신결혼은 하지도 시키지도 않기로 결단합니다.

죄의 결과로 하나님의 심판이 임합니다. (창세기 6:5-7)

내 마음으로 생각하는 모든 계획이 '항상' 악할 뿐임을 보시고 쓸어버리시는 심판을 주신 것을 인정하고 회개합니다. 나 역시 다른 사람의 악을 보고 고통하며 그들을 위해 중보하게 하옵소서.

그러나 남은 한 사람, 노아가 있습니다. (창세기 6:8-12)

부패와 포악이 충만한 세상, 악으로 충만한 가정이라도 내가 성령 충만한 한 사람이 되게 하옵소서. 노아가 잘나서가 아니라 여호와의 은혜를 입었기에 남은 자가 된 것처럼, 나의 악을 인정함으로 여호와의 은혜를 입게 하옵소서.

우리들 묵상과 적용

어릴 적 저와 형제들은 장사하시는 아버지를 따라 4년 정도 어머니와 헤어져 살았습니다. 어머니와 떨어져 있는 것에 대한 불안으로 저는 아버지의 돈을 훔치기 시작했습니다. 아무리 야단과 매를 맞아도 도벽은 끊어지지 않고 죄의식에 야뇨증까지 생겼습니다. 그러던 중 집에서 제일 먼저 예수님을 믿은 둘째 오빠의 전도로 초등학교 6학년 때 주님을 영접했습니다. 그 은혜로 좀처럼 끊어지지 않던 도벽이 치유되었습니다. 학창시절에는 부모님의 구원을 위해 금식과 새벽기도를 하며 믿음을 키웠고 꼭 믿음의 결혼을 하겠다고 결단했었습니다. 그러나 저는 하나님의 은혜와 언약을 헌신짝처럼 버리고 친정아버지를 속인 채 인류 최초의 죄악인 불신결혼을 했습니다.

남편을 만났을 때 저에게는 이미 성폭행의 상처가 있었습니다. 그래서 선택의 여지가 없다고 생각했고, 언변이 뛰어나고 용모가 준수한 남편의 아름다움에 이끌렸습니다. 남편은 이미 두 번의 결혼과 이혼 전력이 있었고 그 외에도 여자관계가 복잡했습니다. 그럼에도 5년의 동거 끝에 가정을 이루며, 내가 믿음이 있으니 남편이 구원되리라 생각했습니다. 그러나 남편은 여전히 세상과 더불어 죄를 먹고 마시며 즐기는 인생을 살았습니다. 동거 중 큰딸이 태어났을 때는 다른 여자와 혼인신고까지 했습니다. 그 일로 친정에서는 저와 남편과 아이를 각각 억지로 떼어놓았는데, 그 상처 때문에 큰딸은 지금도 애정결핍 증상을 나타내며 나이 어린 동생과 늘 다투고 비교하고 원망합니다.

결혼생활 18년이 넘도록 도무지 변화가 없는 남편을 보며 저는 영적인 공허감과 슬픔에 빠졌습니다. 하나님 앞에서 잘못 살아온 게 두렵고 떨렸습니다. 어떻게든 회복되고 싶어 남편의 구원을 위해 조금씩 기도했습니다. 그러나 악에 대해 여전히 깨닫지 못하고 주일예배는 등한히 한 채 유원지 영업으로 폭리를 취하며 살았습니다. 그런 저희와 함께하실 수 없으셨기에, 하나님은 저희가 영업하던 한탄강에 두 번씩이나 큰 홍수로 모든 것을 쓸어버리는 사건을 주셨습니다.

그 후 남편은 집회에 한 번만 참석해 달라는 저의 간곡한 부탁을 받고, 그동안 자기와 살아 준 것에 대한 보답이라며 같이 가 주었습니다. 그리고 그곳에서 강권적인 하나님의 은혜로 주님을 영접했습니다. 어렵게 하나님을 믿게 되었지만 연약한 믿음이었기에 유원지 영업을 정리하기까지 오랜 시간이 걸렸습니다. 돈을 더 벌 생각에 남편은 성매매 영업을 하던 건물을 경매로 낙찰 받았습니다. 나중에 용도를 바꿀 생각이었지만 결국 그 일로 인해 남편은 건물의 전 주인에 의해 흉기로 살해당했습니다.

하루아침에 모든 것을 쓸어버리시는 것 같은 사건이었지만 하나님은 남편의 죽음이 '육신은 멸하고 영은 주 예수의 날에 구원을 받게 하시는' 사건이라고 말씀해 주셨습니다. 남편은 떠나기 전 자신의 씻을 수 없는 죄를 날마다 고백하며 "나 같은 죄인도 어디에 쓸 데가 있으면 써 주세요"라고 기도했었습니다. 그 기도의 응답으로 하나님께서 남편을 구원하시고, 그 간증으로 저와 우리 가족을 사용하십니다.

말씀으로 양육을 받은 둘째 딸이 "아빠가 안 계셔서 하나님이 자기를 버리신 것 같고 너무 힘들었지만, 엄마의 눈물의 기도로 회복되었다"고 합니다. 아빠가 술과 폭력에 빠져 지내다가 예수님을 믿고 돌아가셔서 너무 감사하다고, 강퍅한 언니 때문에 너무 힘들었는데 부모님의 동거 중에 태어난 언니가 얼마나 외로웠을지 이해가 된다고, 언니도 같이 말씀을 듣고 회복되기를 바란다고 말합니다.

저와 두 딸이 노아처럼 남은 자가 되어 온몸으로 하나님을 증거하기 원합니다. 그리고 저의 자녀들이 절대 불신결혼하지 않으며, 오직 하나님의 사람이 되는 목적 있는 삶을 살기 원합니다.

기도

하나님 아버지, 이 땅에서 번성하는 것이 하나님의 은혜인데, 번성하면 어김없이 악을 행하는 악한 본성을 알았습니다. 하나님 없이도 잘살 수 있다고 음욕을 좇아 아름다움만 추구하며 자기들이 좋은 대로 관계를 맺는 저와 이 세대의 악이 있습니다. 우리의 악 때문에 하나님께서 영원히 함께하지 않는다고 하시는데도, 네피림처럼 대단하고 유명하기에 여전히 불신결혼을 하며 용사 자녀를 낳고 그것이 행복인 줄 알고 살아갑니다. 주님, 이렇게 모든 생각과 계획이 항상 악한 저와 가족을 불쌍히 여겨 주시옵소서. 우리의 교회와 사회와 나라를 불쌍히 여겨 주시옵소서.

하나님께서 나의 악을 보시고 근심하고 한탄하시는 것이 은혜임을 알기 원합니다. 하나님께서 쓸어버릴 수밖에 없는 저의 악을 보게 하시고, 그래서 쓸어버림을 당하는 것이 멸망의 심판이 아닌 하나님의 사랑인 것을 알게 하옵소서. 내 힘으로 끊을 수 없는 악을 하나님께서 보셨다고 하시오니, 이제 하나님께 맡기고 끝까지 기다리며 기도하게 하옵소서. 배우자와 자녀 때문에 한탄하는 인생이 아니라, 하나님을 몰라서 악을 행할 수밖에 없는 그들을 보며 한탄하고 고통하는 인생을 살기 원합니다.

악에 대해 고통하는 삶을 살 때 쓸어버림을 당하는 사건 속에서도 은혜 입은 자가 될 것을 믿습니다. 여전히 악하고 연약하지만, 하나님의 은혜를 입어 구속사를 이어가는 남은 자가 되게 하옵소서. 부패와 포악함이 가득해서 가망이 없어 보이는 가족이라도, 그에게서 남은 자의 그루터기를 보게 하옵소서. 어떤 사람이라도 하나님의 은혜를 입으면 노아와 같은 구속사의 주인공이 되게 하시는 것을 믿습니다. 악하고 음란한 이 세상에서 성령 충만한 한 사람이 되기 위해 오늘도 말씀과 기도와 예배로 하나님과 동행하는 삶을 살기 원합니다. 은혜를 내려 주시옵소서. 예수님의 이름으로 기도합니다. 아멘.

chapter 2

부패와 포악이 충만한 세상에서
하나님이 우리에게 명하신 것을
다 준행하기 원합니다.
가르쳐 주시옵소서.

명하신
대로
준행하였더라

입에 담기 어려운 흉흉한 사건들이 도처에서 일어나고 있습니다. 동생이 잔소리하는 형을 홧김에 흉기로 살해한 사건, 아버지가 입양한 아들을 살해하고 시신을 불태운 사건, 친아버지가 열 살 조금 넘은 의붓딸과 친딸을 성폭행했다는 끔찍한 기사도 있습니다. 파키스탄에서는 세명의 십대 소녀들이 연애결혼을 주장하다가 인근에 사는 청년들에게 생매장을 당했다고 합니다.

우리는 참으로 악한 시대에 살고 있습니다. 드러난 죄는 빙산의 일각일 뿐입니다. 드러나지 않은 악과 음란이 우리 가운데 너무도 많습니다.

노아 시대에도 똑같이 그런 일들이 있었을 것입니다. 그럼에도 노아는 하나님께서 명하신 대로 다 준행했습니다. 부패와 포악함이 충만한 세상에서 어떻게 말씀을 준행하며 살 수 있을까요.

심판의 때를 은혜의 때로 바꾸는 사람

> ⁹ 이것이 노아의 족보니라 노아는 의인이요 당대에 완전한 자라 그는 하나님과 동행하였으며 ¹⁰ 세 아들을 낳았으니 셈과 함과 야벳이라(창 6:9-10)

세 번째 구속사의 계보인 노아의 족보가 기술됩니다. 창조의 '내력', 아담의 '계보', 노아의 '족보'는 모두 같은 의미를 가진 '톨레도트'입니다. 하나님은 만물을 창조하신 후 아담을 지으시고, 거기에서 노아를 골라내셔서 구속사를 잇게 하십니다. 인류의 역사는 객관적으로 일어난 사실을 기록하는 데 목적이 있지만, 성경은 택함을 받은 한 사람을 중심으로 쓴 책입니다. 하나님께서 택하신 한 사람, 노아에 의해서 심판에서 벗어난 은혜의 구속사가 이어집니다.

> ¹¹ 그때에 온 땅이 하나님 앞에 부패하여 포악함이 땅에 가득한지라 ¹² 하나님이 보신즉 땅이 부패하였으니 이는 땅에서 모든 혈육 있는 자의 행위가 부패함이었더라(창 6:11-12)

'부패하다'는 것은 수치심 없이 의도적으로 죄를 짓는 것입니다. 썩어서 쓸데없게 된 상태입니다. 가인의 후손처럼 세상 성공을 부르짖는 '칼의 노래'를 부르다가 죄가 극치에 달했습니다. 11절부터 13절까지 '부패', '포악함'이라는 단어가 다섯 번 반복될 정도로 극심한 악입니다. 우리의 악이 너무 커서 하나님이 보시고 심판하실 수밖에 없는 지경에 이르렀습니다.

그런데 노아는 악한 세상 속에서 하나님과 동행했다고 합니다. 의인은 없나니 하나도 없다고 하셨는데 노아가 어떻게 의인이요 완전한 자로 불릴 수 있었을까요? 부패한 시대에 어떻게 하나님이 기대하시는 신앙인격을 유지할 수 있을까요?

노아는 저주 받은 땅에서 수고로이 일하던 아버지 라멕에게서 하나님의 위로로 태어났습니다(창 5:29). 극심한 생활고를 겪으며 자랐는데, 노아 자신도 500세가 되도록 자녀를 낳지 못했습니다. 가난과 결핍의 환경에서 되는 일이 없는 가운데, 하나님만을 바라보며 하나님과 동행하는 노아가 된 것입니다.

> 하나님이 노아에게 이르시되 모든 혈육 있는 자의 포악함이 땅에 가득하므로 그 끝 날이 내 앞에 이르렀으니 내가 그들을 땅과 함께 멸하리라(창 6:13)

부패한 시대에 하나님은 고난당하는 노아에게 말씀하십니다. 가정과 직장에 부패하고 포악한 사람이 있을 때, 하나님은 그 사람을 처리하는 대신 나에게 말씀하십니다. 부패한 환경에서도 하나님이 이르시는 말씀을 듣는 사람이 공동체를 이끄는 지도자가 됩니다.

부패하고 포악한 사람이 나를 힘들게 할 때, 그 사람이 사라지는 것이 응답이 아닙니다. 어떠한 부패와 포악 속에서도 하나님이 이르시는 말씀이 들리는 것이 응답입니다.

이스라엘의 위대한 지도자인 다윗도 포악한 사울에게 쫓기면서 훈련을 받았습니다. 사울을 죽일 기회가 있어도 두 번이나 용서하고 훈련을 잘 받았습니다. 그러다가 사울을 피해 블레셋으로 도망갔는데(삼상 27:1), 그 결과 블레셋 편에 서서 동족인 이스라엘을 치게 됐습니다. 하나님의 은혜로 동족과의 싸움은 겨우 피했지만, 블레셋에서 돌아와 보니 아말렉 사람들이 다윗의 아내와 자녀들, 아둘람 공동체의 아내와 자녀들을 다 잡아갔습니다. 분노한 공동체 사람들은 그동안 왕처럼 따르던 다윗을 돌로 치려고 합니다. 사무엘서의 저자는 다윗이 이때 '울 기력이 없도록 소리를 높여 울었다'고 기록하고 있습니다(삼상 30:1-5).

다윗이 사울을 피하는 것이 상책이라고 자기 뜻대로 도망갔다가 가족과 공동체에 엄청난 해를 끼쳤습니다. 무서운 배우자를 피하고, 무서운 부모를 피해서 세상으로 도망갔다가는 공동체가 무너져 버립니다. 내 환경이 싫어서 술로 음란으로 피하면 나도 가족도 해를 당하게 됩니다.

아무리 훈련을 받아도 도망갈 생각을 하는 다윗 때문에 하나님은 사울을 쉽게 처리해 주지 않으셨습니다. 다윗을 예수님의 조상으로 쓰셔야 하기에, 때가 될 때까지 다윗에게 사울을 붙이셨습니다. 그때가 언제입니까?

다윗이 울 기력이 없도록 울고 난 후, 다급한 상황에서도 여호와를 힘입고 용기를 얻어 아말렉을 물리쳤습니다(삼상 30:6). 다윗이 택한 백성이었기에 노아처럼 극심한 고난 가운데서 하나님만 바라보며 은혜를 입었습니다. 그리고 그때 하나님이 사울을 처리해 주십니다(삼상 31장). 비로소 다윗이 이스라엘 왕국을 이끌어 갈 지도자가 되었습니다.

자기 자신에 대해서 처절하게 절망한 사람, 울 기력이 없도록 울어 본 사람이 하나님의 은혜를 입습니다. 나 자신의 전적인 무능과 전적인 부패를 깨닫는 사람이 심판의 때를 은혜의 때로 바꿀 수 있습니다.

하나님께서 왜 나에게 은혜를 주십니까? 외치는 자의 소리가 되어 복음을 전하라고 은혜를 입게 하십니다. 심판당할 수밖에 없는 세상에서 노아에게 인류 구원의 비전을 주신 것처럼, 울 기력이 없을 정도의 절망을 거치며 다윗이 믿음의 조상이 된 것처럼, 오늘 나에게 영혼 구원의 사명을 주시려고 고난 가운데 하나님만 바라보는 은혜를 허락하십니다.

저에게 허락하신 결혼의 고난을 통해서 하나님의 뜻을 깨달았기 때문에, 듣든지 아니 듣든지 저는 외칠 수밖에 없습니다. 여성 목회자들의 모임에 갔더니 제 설교에 대해 "왜 가정과 질서에 순종하라고 강조하느냐. 여성 비하가 아니냐? 성경이 가부장적으로 쓰인 것을 모르느냐?"고 했습니다. 제가 왜 이혼은 안 된다고, 힘들어도 가정을 지키라고 하겠습니까? 같은 여자들도 이해를 못하는데 왜 결혼의 목적은 행복이 아니고 거룩이라고 외치겠습니까? 저의 메시지가 여성비하라고 생각하십니까? 하나님의 말씀인 성경이 가부장적이라고 함부로 말할 수 있습니까?

이혼은 하나님의 뜻이 아닙니다. 하나님은 남편을 사모하며 잉태하여 아이를 낳는 수고를 원죄에 대한 형벌로 허락하셨습니다. 그 고난을 통해 여인의 후손 예수님이 오신다고 약속하셨습니다. 그래서 결혼의 목적은 행복이 아닌 '거룩'인 것입니다.

히브리서 11장 7절은 "믿음으로 노아는 아직 보이지 않는 일에 경고 하심을 받아 경외함으로 방주를 준비하여 그 집을 구원하였으니 이로 말미암아 세상을 정죄하고 믿음을 따르는 의의 상속자가 되었느니라" 고 했습니다. 노아가 하나님의 명령을 듣고 심판을 예비하는 삶을 살았 어도, 다른 사람들은 홍수로 멸하기까지 깨닫지 못하고 먹고 마시며 시 집가고 장가들었습니다(마 24:38-39). 그러니 당연히 수치와 조롱을 받을 수밖에 없어도 노아는 끝까지 심판을 외쳤습니다. 하나님께서 저에게 경건의 비밀을 맡겨 주셨습니다. 이 비밀이 저의 것이 아니기에, 내가 잘나서 얻은 것이 아니라 은혜로 받았기에 저는 끝까지 같은 목소리로 외치다 갈 것입니다.

◇◇◇◇◇ 세상이 악하다고 한탄합니까? 누군가의 포악에 시달리고 있습니까? 나를 둘러싼 부패와 포악 속에서 오늘 들어야 할 하나님의 말씀, 외쳐야 할 하나님의 메시지는 무엇입니까. 먼저 나의 악을

회개함으로 심판과 구원의 본보기가 되기로 결단하십시오.

말씀대로 지어 가는 구원의 방주

> 너는 고페르 나무로 너를 위하여 방주를 만들되 그 안에 칸들을 막고
> 역청을 그 안팎에 칠하라(창 6:14)

나를 위하여 방주를 지으라고 말씀하신다

모든 성전은 우선 나를 위해서 지어야 합니다. 내가 들어가야 합니다. 내가 들어가지 않으면서 누구에게 들어가라고 하겠습니까. 주님이 나무까지 선택해 주십니다. 그 안에 칸들을 막고 역청을 칠하라고 하십니다. 역청은 석유에서 파생하는 물질로서 바르면 방수효과가 있습니다. 내가 들어간 다음에는 음성을 잘 듣고 역청을 잘 칠해야 남을 구원합니다. 불심판과 물심판이 와도 견딜 만한 방주를 지을 수 있습니다.

침몰하지 않는 튼튼한 방주를 만들기 위해 역청을 잘 칠해야 하는데, 이것은 십자가의 보혈을 의미한다고 생각합니다. 이스라엘 백성이 어린 양의 피를 지방과 문설주에 발랐을 때 애굽의 장자 재앙이 그들을 지나갔습니다. 날마다 예수님의 보혈을 내 사건 가운데 칠할 때, 그것이 역청이 되어서 고난 속에서도 구원받는 방주가 될 것입니다.

또한 구원을 위해서는 사람을 잘 분별해야 합니다. 사무엘하 1장에 보면, 아말렉 소년이 이스라엘 진영에서 사울의 왕관과 팔찌를 들고 다 윗에게 나아옵니다. 그때 다윗의 분별력이 드러납니다. 평생 나를 힘들게 했던 사울의 죽음을 전하는 소년에게 다윗은 "너는 어디서 왔느냐"(삼하 1:3)고 묻습니다.

돈 때문에 힘들었는데 남편이 어느 날 돈을 가져옵니다. 그러면 무조건 좋아서 뛰는 게 아니라 돈의 출처를 물어야 합니다. 자녀가 명문대 합격증을 들고 와도 사명이 무엇인지, 결과 속에서 하나님의 뜻을 깨닫고 있는지 물어야 합니다. 구원의 확신이 있는 사람은 "하나님께서 왜 이것을 허락하셨는가?"라는 분별의 질문을 가지고 있어야 합니다. 이것이 나를 위해서, 내 가족을 위해서 역청을 칠하는 것입니다.

하나님의 방법대로 인도하심을 받아야 한다

14절부터 21절까지 방주의 식양(式樣)에 대해 설명하시는데, 배를 젓는 노가 없음을 봅니다. 배를 잘 지어 놓고 오직 하나님이 이 배를 이끌어 가시기를 구해야 하기 때문입니다. 교회 역시 하나님의 뜻대로 움직여야 합니다. 교수가 사용하는 방법, 사장이 사용하는 방법으로 교회를 운영해서는 안 됩니다. 교회는 하나님의 방법대로 움직여야 합니다.

> 네가 만들 방주는 이러하니 그 길이는 삼백 규빗, 너비는 오십 규빗,
> 높이는 삼십 규빗이라(창 6:15)

길이와 너비와 높이마다 하나님이 정해 주시는 식양이 있습니다. 주님이 지시해 주시는 것에서 길어도 짧아도 안 됩니다. 이렇게 세밀하게 인도받는 것이 안식입니다.

몸에서 냄새가 나는 고난 때문에 우리들교회에 오신 분이 있습니다. 냄새 때문에 직장에서 왕따를 당하기도 했습니다. 그 고난이 너무 힘들어서 교회에 오기는 했는데 목장에서 그 사실을 오픈하기 싫었습니다. 다른 사람이 간증하는 것도 듣기 싫었습니다. 그렇게 마음을 닫고 있으니 목자가 "집사님은 조금 더 당하셔야 마음이 열리시려나 봐요"라고 했습니다. 그 말에 그분이 상처를 받아서 목장도 교회도 안 오고 이 교회 저 교회 떠돌았다고 합니다. 그러다가 정말 더 당할 일이 생겼습니다. 기도원에서 만난 전도사님을 따라갔다가 예물을 바쳐야 된다고 해서 빚을 내 백만 원 헌금했지만 아무 것도 해결되지 않았다고 합니다.

이분이 힘든 가운데 이것도 저것도 서운하다고 저에게 메일을 보냈습니다. 사람은 믿음의 대상이 아닙니다. 내가 교회 오고 헌금했으니 모든 게 해결되길 바라는 것은 기복(祈福) 신앙입니다. 가장 무서운 이단이 기복입니다. 그러니 본인의 기복을 얼른 회개하고 지금이라도 겸손하게 돌아오셔서 목장의 중보기도 위력을 체험하시라고 제가 답을 보냈습니다. 저의 답을 받고는, 목자가 말할 때는 기분이 상하더니 제가 말씀드리니 시원하다고 하십니다.

심판의 메시지를 들으면 기분이 나쁜 것 같아도 시원한 게 있습니다. 그럴 때 해결이 됩니다. 치우치지 않고 세밀하게 일러 주시는 하나님의 말씀에 반응하며 가는 것이 해결의 지름길입니다.

답답한 방주 안에 하나님은 반드시 빛을 주신다

> 거기에 창을 내되 위에서부터 한 규빗에 내고 그 문은 옆으로 내고 상
> 중 하 삼층으로 할지니라(창 6:16)

그 넓은 방주에 창을 한 규빗에 내라고 하십니다. 한 규빗은 성인의 팔꿈치에서 중지까지의 길이로 약 45cm입니다. 그것도 가장 위 꼭대기에 두라고 하십니다. 방주가 음습하고 답답했을 텐데 꼭대기에 창을 주셔서 한 줄기 빛이 들어오게 하십니다. 큰 창도 아니고 한 규빗 꼭대기 창이라니 생각만 해도 갑갑할 것 같습니다. 하지만 그것은 홍수로 죽어서 떠다니는 시체들과 동식물들의 잔해를 보지 못하게 막아 주시는 하나님의 보호입니다.

주일예배, 수요예배, 목장예배, 각종 훈련에 참석하는 것이 때로는 갑갑하지만 그것이 하나님이 보호하시는 사랑입니다. 악과 음란이 가득한 죄의 현장에서 죽어 가는 모습을 굳이 보고 경험하고 싶습니까. 말씀의 현장에 있으면 보지 않아도 될 것들은 보지 않게 보호해 주십니다.

언약의 하나님을 믿고 가야 한다

> 그러나 너와는 내가 내 언약을 세우리니 너는 네 아들들과 네 아내와
> 네 며느리들과 함께 그 방주로 들어가고(창 6:18)

하나님이 노아에게 '너와는 내가 언약을 세우리라'고 말씀하십니다. 답답한 방주 생활을 잘하고 있으면 하나님은 언약을 지키십니다. 우리의 원죄로 인한 축복의 벌을 잘 받고 있으면 약속의 주님이 오시는 것처럼, 깜깜하고 답답한 방주이지만 약속의 말씀을 붙잡고 하나님 안에 있으면 반드시 구원될 것입니다.

노아의 아내와 아들들과 며느리들이 노아 옆에 있었기에 구원받았습니다. 누구 옆에 있느냐가 참으로 중요합니다.

> [19] 혈육 있는 모든 생물을 너는 각기 암수 한 쌍씩 방주로 이끌어들여
> 너와 함께 생명을 보존하게 하되 [20] 새가 그 종류대로, 가축이 그 종류
> 대로, 땅에 기는 모든 것이 그 종류대로 각기 둘씩 네게로 나아오리니
> 그 생명을 보존하게 하라(창 6:19-20)

노아와 그의 가족이 홍수 이후에 살아갈 자연 환경을 하나님이 미리 염두에 두십니다. 명령을 주시고 그 명령하신 대로 행하십니다. 짐승들이 암수 둘씩 노아에게 나아와 방주로 들어갔습니다(창 7:9). 사람들은

내가 찾아다니면서 외쳤는데 내 힘으로 끌고 올 수 없는 동물들은 암수한 쌍씩 보전해서 나오게 하십니다. 짐승도 이렇게 구원받겠다고 나왔는데 구원이 상관없다고 외치는 사람은 정말 짐승만도 못합니다. 하나님의 말씀을 무시하고 시집가고 장가가고 먹고 마시며 멸망으로 향해가는 것이 짐승만도 못한 삶입니다.

말씀을 준행하기 위해 영육 간에 저축해야 한다

> 너는 먹을 모든 양식을 네게로 가져다가 저축하라 이것이 너와 그들
> 의 먹을 것이 되리라(창 6:21)

홍수 이전까지 인류가 채식을 했기에 동물들은 보존하고 식물들은 먹으라고 명령하십니다. 나와 내 가족을 위해서 오늘 방주를 지으면서 저축해야 합니다. 저축 한 푼 없는 것은 검소하게 살았다기보다는 잘못산 결론일 때가 많습니다. 하나님의 말씀을 준행하면 하나님이 필요한 물질도 채워 주십니다. 또한 영적인 저축은 더더욱 열심히 해야 합니다. 말씀과 기도와 선교, 구제와 봉사로 영적인 저축을 하고, 날마다 내 죄를 깨달으며 회개의 기도를 쌓아야 합니다.

◇◇◇◇◇ 나의 구원이 가족과 이웃의 구원으로 이어지고 있습니까.
구원의 방주로 인도하기 위해 분위기와 상황을 세밀하게 살피며

복음을 전합니까. 교회가 답답하고 변하지 않는 환경이 답답해서
입을 닫고 마음을 닫고 있습니까. 매일 말씀을 묵상하고 기도와
전도와 구제를 저축하며 하나님의 빛으로 숨통이 트이는 것을
경험하십니까.

악한 시대를 향해 외치라

> 노아가 그와 같이 하여 하나님이 자기에게 명하신 대로 다 준행하였
> 더라(창 6:22)

120년 간 노아가 하나님 말씀을 '다' 준행해서 방주를 만들었습니다.
그러나 그 방주에 아무도 들어오지 않았습니다. 누가복음 17장 27절에
는 바로 그날까지도 사람들이 먹고 마시고 시집가고 장가들었다고 기
록합니다. 결국 그들은 다 멸망했습니다.

노아의 상심이 얼마나 컸을까요. 수많은 사람들이 노아를 비웃고 훼
방했을 것입니다. 그러나 노아가 극심한 생활고와 자녀 고난으로 500
년을 기다렸기에 120년 동안 견딜 수 있었습니다. 노아가 거의 천년을
살면서 500년 동안 자녀가 없어서 고통했으니, 120년 간 방주를 짓는
일은 할 만했을 것입니다. 내 인생의 고난이 70년, 80년이라도 주님을

만난 확신이 있는 사람은 어떤 사건이 와도 견딜 수 있습니다.

노아가 이렇게 심판의 하나님을 부르짖었지만 '노아'라는 이름의 뜻은 역설적이게도 '위로, 쉼, 안식'입니다. 하나님께서 주시는 심판의 메시지를 잘 들으면 거기에 안식과 위로가 있습니다. 사랑의 하나님만 이야기하다가 문제를 만나면 도리어 불안하고 힘들어집니다. 심판은 싫고 사랑의 하나님만 믿고 싶은 나의 가치관이 바뀌어야 합니다.

부패한 세상에서 눈에 보이는 살인을 저지르는 사람만 죄인이 아닙니다. 감추어진 나의 악과 음란이 이미 하늘을 찌르고 있습니다. 하나님이 이것을 견딜 수 없다고 하십니다. 부도가 나고, 부부관계와 자녀관계, 직장 문제가 생긴 것은 내 악이 하늘을 찔렀기 때문입니다. 이미 홍수로 멸절을 당해 왔다면 이 말씀을 듣고 구원의 방주를 지으시기 바랍니다.

그래서 이 땅에서 멸절을 당해 보는 것이 축복입니다. 이런 부패한 시대에 노아처럼 한 사람의 의인이 되어야 합니다. 《모든 여자의 들키고 싶지 않은 욕망》을 쓴 사역자 섀넌 에트리지의 이야기를 나누고자 합니다. 그녀에게 노아 같은 한 사람이 있었습니다.

섀넌이 고등학생이었을 때, 자동차를 몰고 가다가 잠시 립스틱을 고쳐 바르던 순간 자전거를 타고 가던 어떤 부인을 들이받았습니다. 부인의 이름은 마조리였고 그녀는 그 자리에서 사망했습니다. 철없는 나이에 사람이 죽는 사고를 내고, 섀넌은 사망자의 가족이 자기를 죽이고 싶어 할 거라는 극심한 공포와 혼란에 빠졌습니다.

그러나 사망자의 남편 게리는 이 사고가 그녀의 잘못이 아니라는 것을 알고 있는지, 다친 곳은 없는지를 가장 먼저 걱정했습니다. 게리가 장례식 전날 자신의 집을 방문해 달라고 했을 때 섀넌은 마치 총살을 당하러 가는 기분이었습니다. 숨이 막히고 가슴이 두근거렸습니다. 그러나 게리는 어떤 분노도, 적대감도 없이 섀넌을 안아 주면서 눈물을 흘리기 시작했습니다. 섀넌 역시 참아오던 눈물을 터뜨리며 "죄송해요, 정말 죄송해요"라고 용서를 빌었습니다. 울음이 잦아들자 게리는 자녀들과 목사님에게 섀넌을 소개했고, 그녀를 창가 의자에 앉히고 자기 부인 마조리의 삶을 들려주었습니다.

게리와 마조리 부부는 오랫동안 위클리프 성경번역선교회에서 섬겼는데, 마조리는 언제나 하나님의 사랑과 영생의 소망을 확신하는 경건한 여인이었습니다. 사고가 나기 며칠 전 교회에서 플롯을 연주하면서 그녀는 자신이 하나님과 영생의 시간을 보낼 준비가 되어 있다고 간증했습니다. 게리는 섀넌에게 이렇게 말했습니다.

"섀넌, 하나님은 이미 마조리를 본향으로 데려갈 준비를 하고 계셨단다. 사람들에게는 마조리의 죽음이 충격일지 몰라도, 하나님께는 그녀의 죽음이 결코 충격이 아니란다. 왜 너에게 이런 일이 일어났는지 이해하지 못하겠지만, 하나님은 네가 이 상황을 견뎌낼 만큼 강한 아이라는 걸 아셨던 거야. 나도 네가 이 상황을 견뎌내길 바란다. 이 일로 네 삶이 망가져서는 안 된다. 마조리의 유업을 네게 맡긴다. 하나님이 너를 그분의 영광을 위해 사용하실 수 있도록."

게리는 그 이후로도 구체적으로 섀넌을 배려했습니다. 사고 직후 앰뷸런스 서비스에 혼선이 와서 구조가 지체되었는데, 응급상황을 늑장 대처한 것에 소송을 제기하라는 권유를 받았을 때도 게리는 마조리가 즉사했다고 잘라 말했습니다. 섀넌의 부모님을 고소하면 더 많은 보험금을 탈 수 있다고 권유한 사람도 있었지만, 게리는 어려운 집안에 다른 고통을 안겨 주기 싫다며 그 제안을 거절했습니다. 또한 지방검사가 과실치사 혐의로 섀넌을 심문하겠다고 했을 때, 게리는 심리 없이 무혐의 처분을 내려줄 것을 강력하게 주장했습니다. 결국 섀넌의 사고는 무혐의로 종결되었습니다.

그럼에도 섀넌에게는 언젠가 게리가 자신에게 벌을 내릴지 모른다는 두려움이 남아 있었습니다. 그러나 시간이 흘러도 게리는 계속해서 정기적으로 전화를 걸어 안부를 묻고, 오랫동안 기관의 소식지와 크리스마스카드를 보내왔습니다. 그리고 섀넌이 남편과 함께 선교지에 나갈 때에도 게리는 수백 킬로미터를 달려와서 격려해 주었습니다.

게리가 보여 준 자비의 행동과 마조리의 장례식 전날 섀넌에게 건넨 도전의 말은 큰 힘과 위로가 되었습니다. 하나님은 끔찍한 사고를 아름다운 것으로 바꾸어 주셨습니다. 사람을 죽이고 섀넌이 얼마나 무서웠겠습니까. 그러나 "우리가 알거니와 하나님을 사랑하는 자 곧 그의 뜻대로 부르심을 입은 자들에게는 모든 것이 합력하여 선을 이루느니라"(롬 8:28)는 말씀처럼 이 사건과 게리의 사랑을 통해 섀넌은 자신을 비난받아야 할 자가 아닌 택함 받은 자로 인식하게 되었습니다.

내가 바람을 피우고 음란을 행해도 하나님께 돌아오면 비난받을 자가 아니라 택함 받은 자가 됩니다. 거룩한 삶을 이루어 가기 위해서는 내가 택함 받은 자임을 깨달아야 합니다. 일상생활에서 일어나는 크고 작은 사건들 속에 말씀대로 준행할 때, 심판에서 구원으로 바뀔 것을 믿습니다.

◇◇◇◇◇ 오늘 어떤 일에 상심했습니까. 하나님을 믿어도, 큐티하고 기도해도 내 손에 잡히는 것이 없어서 시달립니까. 보이는 것, 잡히는 것이 없어도 말씀대로 '다 준행하는' 삶을 사는 것이 안식이고 축복인 것을 믿습니까.

하나님은 우리의 부패를 이미 보고 계십니다. 하나님이 멸절시키기로 결단하실 만큼 우리의 악이 끝도 없이 치닫고 있습니다. 노아가 극심한 생활고에 500년 간 자녀도 없었지만 은혜를 입어서 당대에 완전한 자가 된 것을 기억하십시오. 오래 참으며 기다릴 때 여인의 후손 예수 그리스도께서 오십니다. 그걸 생각하면 인생은 참을 만한 것입니다. 인내는 할 만한 것입니다. 말씀으로 세밀하게 인도함을 받아 가며, 내게 주신 경건의 비밀이 있기에 어떤 수치와 모욕이 있더라도 이 인생을 잘 걸어가기를 원합니다.

부패와 포악함이 충만한 세상, 악하고 음란한 이 세상에서 노아는 말씀을 준행하는 삶을 살았습니다. 하나님이 명하신 말씀을 다 준행함으로 심판 중에도 은혜와 위로의 인생이 되었습니다.

심판의 때를 은혜의 때로 바꾸어야 합니다.(창세기 6:9-13)

하나님이 멸하실 수밖에 없는 세상의 악과 나의 악을 깨닫게 하옵소서. 하나님은 부패한 시대에 고난을 겪는 노아에게 말씀을 이르십니다. 되는 일이 없는 가운데 하나님이 이르시는 말씀을 듣는 것이 심판을 은혜로 바꾸는 능력입니다.

말씀을 붙잡고 구원의 방주를 잘 지어야 합니다.(창세기 6:14-21)

내가 구원을 받아야 다른 사람도 구원의 방주로 인도할 수 있습니다. 잣나무처럼 견고한 하나님의 말씀을 토대로, 예수 그리스도 십자가 보혈의 역청을 안팎에 칠하며, 어떤 사건이 와도 침몰하지 않는 성전을 짓게 하옵소서. 큐티와 예배를 통해 하나님이 지시하신 구체적인 식양과 치수를 세밀하게 깨닫고 지키게 하옵소서. 넓은 방주에 작은 창 하나만 내는 것이 갑갑한 것 같지만, 그것이 죄와 죽음의 현장을 못 보게 지켜 주시는 하나님의 보호임을 알고 안식을 누리기 원합니다. 말씀을 붙잡고 구원의 공동체에 속해 있으면 내 옆의 가족과 이웃을 구원하시는 하나님의 언약을 믿습니다. 구원을 위해 물질을 저축하고, 영적으로 말씀과 기도, 선교, 구제, 봉사를 저축하는 삶을 살기 원합니다.

악한 시대를 향해 외쳐야 합니다.(창세기 6:22)

방주를 짓는 노아의 역할이 심판을 보여주는 것 같지만, 그것은 방주로 들어와 구원받으라는 외침이었습니다. 나의 죄악으로 심판의 사건이 온 것을 인정하고 구원의 방주에 들어가게 하소서. 구원의 방주에서 하나님이 명하신 대로 준행하는 삶을 살 때, 끔찍한 심판의 사건이 아름다운 구원의 사건으로 바뀔 것을 믿습니다.

우리들 묵상과 적용

저는 작곡가입니다. 음악으로 돈 벌기가 쉽지 않았지만 하나님의 은혜로 지금은 프로 작곡가로 일하고 있습니다. 하지만 음악을 직업으로 삼고 있다는 것 때문에 믿음의 교제를 하기가 쉽지 않았습니다.

하나님의 은혜로 빚도 갚고 생활이 편해졌는데, 여유가 생기니 제 안에 있던 열등감이 올라와 무리를 해서 신형 중형차를 장만했습니다. 또 분수에 맞지 않는 비싼 아파트도 덜컥 분양받았습니다. 상황이 언제 변할지 모르는데 빚을 늘려가는 생활을 했습니다. 그러는 가운데 청년부에서 만난 자매와 결혼했습니다. 아내와 저는 신혼을 즐기자며 먹고 싶은 것, 입고 싶은 것, 가고 싶은 곳을 마음껏 누렸습니다. 돈 관리를 잘 못하고 있으니 당연히 가정의 경제는 기울었고, 미처 갚지 못한 빚들이 하나둘 커지면서 다투는 일이 많아졌습니다.

작곡으로 몇 년 동안 돈을 잘 벌었으니 앞으로도 계속 잘 벌 줄 알았습니다. 하나님은 그런 저를 가만 두지 않으셨습니다. 결국 프로젝트들이 무산되고 수입이 끊어지기 시작했습니다. 하나님이 저에게 맡기신 물질을 헛되이 쓰고 있으니 마땅히 당할 일을 당하고 말았습니다.

부요함으로 부패하고 어리석었던 죄를 회개하며, 저희는 중형차를 팔고 10년이 넘은 중고 경차를 100만 원에 장만했습니다. 처음에는 말씀으로 회개하고 적용한 것이니 기쁘게 탈 수 있을 줄 알았는데 장난감 같은 차에서 내리는 모습을 보이는 것이 부끄러웠습니다. 수년 전 사업이 망해 차 없이 다닐 때는 어떤 차라도 있으면 좋겠다고 생각했는데, 이제는 사람들의 이목과 자존심 때문에 형편에 딱 맞는 차를 타면서도 부끄러워하고 있습니다.

이제 제가 살 길은 허세와 과시를 버리고 모두가 저의 죄를 볼 수 있도록 산꼭대기에 방주를 짓는 것입니다. 하지만 그 과정은 제가 잘 보이고 싶은 사람들에게 수치와 조롱을 당하는 힘든 상황일 것입니다. 그럼에도 하나님이 날마다 어떻게 방주를 지어갈지 말씀해 주시니 그 말씀대로 적용하며 살고자 합니다. 돈의 노예로 살아왔기에 돈 없으면 아무것도 못한다는 생각이 있었습니다. 이제 저의 주인은 오직 하나님이심을 믿고, 말씀대로 준행하면 돈이 없어도 무엇이든 할 수 있다는 것을 믿습니다. 작곡도 물질도 사명을 위해 맡기신 것임을 알고 절제하며 영육 간에 저축하는 인생을 살기 원합니다.

◇◇◇◇

기도

하나님 아버지, 주님이 명하신 대로 살아야겠는데, 다윗처럼 울 기력이 없도록 울 일만 남아 있습니다. 노아가 500년 동안 자녀 없이 수치와 조롱을 당한 일만 많았습니다. 그러나 내 원수는 사울도 가인도 아니고, 내 속의 사울과 가인의 정욕임을 알았습니다. 이렇게 감추어진 나의 악과 음란 때문에 하나님이 멸절하시기를 결단하셨다고 합니다. 이것을 인정하기 원합니다. 보이지 않는 내 속의 악이 얼마나 가증한 것인지 깨달을 수 있도록 은혜를 내려 주시옵소서.

언제쯤이면 하나님이 원하시는 거룩의 경지에 다다를 수 있을까요. 주님, 나의 악과 음란을 처리해 주시기를 원합니다. 내 가치관이 변하지 않는 것을 보면서 애통하도록 은혜를 내려 주시옵소서.

게리가 보여 준 예수님의 사랑 때문에 섀넌이 훌륭한 선교사가 된 것처럼, 사랑에는 오랜 인내가 필요함을 알았습니다. 그러므로 인생은 참을 만하고 인내할 만한 것임을 알았습니다. 우리에게 힘과 위로를 주시고, 내가 바뀌지 않아도 말씀 듣는 구조 속에 있도록 은혜를 내려 주시옵소서. 내가 바뀌지 않아도, 배우자와 자녀가 바뀌지 않아도 절망하지 않기를 원합니다. 날마다 세밀하게 인도하시는 하나님의 말씀을 붙잡고, 그 말씀대로 준행하는 삶을 살게 하옵소서. 나의 모든 사건이 구원의 사건이 되도록 역사하여 주시옵소서. 예수님의 이름으로 기도합니다. 아멘.

chapter 3

방주로 들어가라 하시는 말씀에
순종하기 원합니다.
어떠한 어려움에도 구원의 길을 가는
우리가 되게 하옵소서.

방주로
들어가는
인생

우리의 길과 진리, 생명이 되신 예수님을 통해서만 우리는 방주에 들어갈 수 있습니다. 쓸어버림을 당하는 사건이 오더라도, 아니면 모든 것을 갖추고 성공했더라도, 구원의 방주에 들어가는 결론이 아니라면 모든 것이 실패입니다. 노아와 같이 방주로 들어가려면 어떻게 해야 할까요.

내 십자가를 잘 지는 것이 방주를 짓는 것이다

여호와께서 노아에게 이르시되 너와 네 온 집은 방주로 들어가라 이

세대에서 네가 내 앞에 의로움을 내가 보았음이니라(창 7:1)

120년 동안 노아가 방주를 지으면서 무엇이 가장 힘들었을까 생각해 보았습니다.

창세기 6장 1-2절에 사람들이 번성하기 시작할 때 하나님의 아들들이 자기들이 좋아하는 여자를 아내로 삼았다고 했습니다. 결혼 여부, 신앙의 유무를 막론하고 육신의 정욕대로 배우자를 취하며 음란이 난무했습니다. 그렇게 결혼해서 용사 같은 자녀를 낳았습니다. 하나님과 상관없이 자녀를 양육하고 시집 장가가는 문제가 그때나 지금이나 가장 큰 관심사였습니다.

반면 노아는 방주 짓는 사명을 받았을 때까지도 시집 장가보낼 자녀가 없었습니다. 남들이 자기 나이에 하는 일들을 노아는 하나도 하지 못했습니다. 그렇게 되는 일이 없는 환경에서, 언제 올지 모를 홍수에 대비해서 방주를 짓는다는 것은 때로 쓸데없는 일, 고통스러운 일로 여겨졌을 것입니다.

그럼에도 노아는 쓸데없어 보이는 그 일을 120년 동안이나 묵묵히 했습니다.

고통스런 사건과 사람에 시달리고 있습니까? 내 맘대로 쓸 돈, 쓸 시간이 없습니까? 그래서 세상과 차단된 삶을 사는 것이 방주를 짓는 것입니다. 딴 생각 할 겨를이 없는 환경이 가장 축복입니다.

학창시절 저의 집이 망하지만 않았어도 저는 대학에 들어가 연애를 하고 놀았을 것입니다. 그러나 집안이 망했기 때문에 늘 아르바이트를 하고 교회에서 보수를 받아가며 반주를 하고, 혼자서 피아노를 연습했습니다. 목이 조여 오는 바쁜 스케줄에 쫓기며 살았습니다. 그러나 그렇게 살았기에 저에게 말씀이 들려왔습니다. 노아 역시 방주를 지으며 세상과 차단되어 있었기에 120년 후 구원이 왔습니다.

이 세상을 살면서 때로는 끝나지 않을 것 같은 고난이 있습니다. 내 힘으로 어찌 해 볼 수 없는 환경이 닥칩니다. 그때 내가 이미 세상과 차단되어 있다면 동요하지 않을 수 있습니다. 세상과 차단된 환경이 방주에 들어와 있는 것입니다. 다른 데 눈을 돌리지 못하게 하시는 것이 하나님의 큰 사랑입니다.

그 세대에서 노아가 하나님 앞에 의로움을 보였습니다. 부자들은 가진 게 많아서 겸손하기 힘듭니다. 그러나 가난한 사람들은 환경 때문에 어쩔 수 없이 겸손해집니다. 노아 역시 홍수 직전까지 누린 것이 없었습니다. 노아가 모든 환경이 막힌 상태에서 하나님을 찾고 부르는 것이 습관이 되었습니다. 당장 오늘 먹고살 거리가 없는데 기도하지 않을 사람이 있습니까? 기도는 그렇게 간절할 때 나옵니다. 창일(漲溢)한 애굽의 나일 강에 물 한 방울 떨어지는 것이 감사하겠습니까? 거칠고 메마른 땅에 물 한 방울 떨어질 때 감사가 저절로 나옵니다.

노아 시대의 사람들은 부패하고 포악했기에 전도가 되지 않았습니다. 세상에서 가장 악한 세대가 전도가 안 되는 세대입니다. 가장 악한 가정은 전도가 안 되는 가정입니다. 나한테 잘해 주고 흠잡을 것이 없어도 복음을 거부하고 전도가 안 되는 사람이 악한 사람입니다.

이토록 악한 시대에 노아가 고난을 당했기에 하나님의 이름을 불렀습니다. 그리하여 구속사의 계보에 찬란하게 이름을 올렸습니다. 내 고난이 나를 살리고 남을 살립니다. 앉으나 서나 주님밖에는 부를 이름이 없는 환경이 귀한 환경입니다. 노아 스스로는 의로울 수 없었습니다. 그러나 노아에게 방주 짓는 힘든 사명을 주셨을 때 비로소 그가 하나님께 부르짖게 된 것입니다. 쓸데없는 일로 여겨지는 방주를 짓다가 방주에 들어가고 구원을 받았습니다. 내 역할이 초라해 보여도 지금 상황에서 맡겨진 십자가를 잘 지는 것이 방주를 짓는 사명입니다.

목장보고서에서 한 목자님의 고백을 읽었습니다.

'번성'은 끝없는 세상과의 불신결혼을 유도한다. 출판 워크숍 때문에 얼마 전에 미국에 갔다. 잠시 휴식을 취하던 중 누군가가 한국의 교육 이야기를 꺼냈다. 그때 나와 오랫동안 교분을 쌓아 온 미국 교수가 아이를 미국에 보내면 거주자 혜택을 받을 수 있는 여러 가지 가능성을 이야기해 주었다. 또한 자신이 도와줄 용의가 있다고도 진지하게 이야기했다. 그래서 가능성 여부를 따져 보는 깊은 생각도 없이 한국에서 공부하기를 힘들어하는 딸아이를 생각하니 귀가 솔깃해졌다. 다음 날 한국 유학생들이 제멋대로 하고 다니는 것을 보니 한편으로는 걱정되기도 했으나 한국에서 대학 가기가 힘들어 보이는 아이를 생각하니 그 제안에 고민할 수밖에 없었다.

그렇게만 되면 아이가 마치 '네피림'이 될 듯했고 그런 생각이 더욱 나를 유혹했다. 그런데 귀국 후 첫 예배를 드리는데 목사님 설교가 번성과 불신결혼에 관한 내용이었다. 말씀을 들으면서 내가 바로 은혜로 주신 약간의 '번성' 때문에 세상과의 불신결혼을 꿈꿨다는 것을 깨달았다. 더 이상 진전하지는 않았지만 얼마든지 다시 세상과 불신결혼할 유혹의 소지가 남아 있음을 알았다.

이분이 교환교수로 미국에 갔다가 귀국할 때도 아이들을 다시 데려 왔습니다. 유학을 보내서 용사로 만드는 것이 축복이 아님을 알았기 때문입니다. 말씀이 있는 공동체에서 힘든 사람과 함께 가는 것이 방주 짓는 일임을 알기 때문입니다.

어려서부터 보육원에서 자란 분의 간증을 읽은 적이 있습니다.

이분은 천애고아라는 말을 절감하면서 인생을 살았습니다. 세상에서 아무도 의지할 자가 없고, 자기를 걱정해 주는 단 한 사람이 없다는 것이 너무나 힘들고 외로웠습니다. 고등학교를 졸업하면 보육원을 나가야 하는데, 직장을 구하기도 힘들고, 돈도 못 벌고, 몸이 아파도 끼니를 챙겨줄 사람 하나 없어 고생을 거듭했습니다. 고생과 폭력에 직접적으로 노출되어 있었고, 웨이터, 신문 배달, 밥만 먹여 주는 사찰 집사 등 여러 직업을 전전했습니다. 그러다가 나이 40이 되니 시력이 망가져 맹아학교를 다녀야 할 정도가 됐습니다. 이왕 눈이 멀 거라면 책이나 마음껏 보고 죽자고 생각하고 이분이 고시원에서 책을 읽었습니다. 그렇게 공부를 해서 서울대 법대에 합격했습니다.

좋은 양부모를 만났다면 서울대 법대에 합격할 수 있었을까요. 대학에 합격하고도 세상에 대한 원망과 강박에 시달렸지만 이제는 말씀을 들으며 인생이 해석되었다고 합니다.

예수님 당시에 세상 사람들은 예수님을 사생아라고 했을 것입니다. 수치와 조롱거리가 될 출생이었습니다. 그러나 예수님이 먼저 그 길을 걸어가셨기에 내가 고아든, 사생아든 주님만 영접하면 예수님이 내 짐을 져 주십니다. 그래서 내 삶의 십자가를 잘 지고 가는 것이 방주를 짓는 일입니다.

◇◇◇◇◇ 번성함으로 내가 행하는 악은 어떤 것입니까. 없어서, 못해서, 부족해서 하나님만 바라보는 삶이 의로움이고 축복인 것을 믿습니까.

방주로 들어가기 위해 예배가 회복되어야 한다

> [2]너는 모든 정결한 짐승은 암수 일곱씩, 부정한 것은 암수 둘씩을 네게로 데려오며 [3]공중의 새도 암수 일곱씩을 데려와 그 씨를 온 지면에 유전하게 하라(창 7:2-3)

창세기 6장 19절에 말씀하신 것과는 별도로 홍수 일주일 전에 정결한 짐승 암수 일곱씩을 취할 것을 말씀하십니다. 종족을 보존하기 위해 데려갈 것이 있고 제사용으로 데려갈 것이 있습니다. 아벨의 제사 이후로 피 흘림의 예배를 드리기 위해 방주 안에서 제사할 짐승을 취하라고 하십니다.

그리고 일곱이라는 숫자를 강조하십니다. 고대 근동에서 7은 불길한 수였습니다. 그러나 하나님께서 일곱째 날에 복을 주셔서 거룩하게 하시고 그날 안식하셨기에 성경에서 7은 완전수이자 예배의 의미를 가집니다. 노아가 예배를 드리겠다는 의지를 가지고 정결한 짐승들을 취했습니다.

아무리 힘들어도 우리가 살 길은 예배하는 것밖에 없습니다. 예배가 소홀해지면 방주에서 살 수 없습니다. 방주 속에서나 밖에서나 예배가 우선되어야 합니다. 예배에 목숨을 걸어야 합니다. 우리들교회에도 주일성수와 수요예배를 최우선 순위에 두고 직장을 구하는 분들이 많습니다. 그분들의 진심을 보시고 하나님이 복 주시리라 생각합니다. 아무리 멀고, 힘들고, 덥고, 길어도 예배 속에 있는 것이 방주입니다.

우리들교회는 새롭게 편성된 목장마다 새롭게 별명을 정합니다. 그 중에 고스톱(Go-Stop) 목장을 소개합니다.

목장 전공과목 1순위는 마덕사(마누라 덕분에 사는 사람들), 2순위로는 조강지처 클럽이라고 합니다. 고스톱 목장이라고 명명한 이유는, simple & deep, 즉 세상에는 단순하고 영적으로는 깊은 삶을 살기 원한다는 뜻입니다. 그리고 예배에 전념하기 위해 하나님과의 동행을 통한 선택과 집중을 하자는 의미라고 합니다. 이 고스톱 목장의 열 가지 조항이 다음과 같습니다.

고스톱 목장의 조항	GO	STOP
1. 무엇을 먼저 하는가?	중요한 것부터	급한 것부터
2. 누구를 사랑하는가?	주님	세상, 물질, 명예, 지위 등
3. 어떻게 결정하는가?	여호와께 묻자와 이르되	자기 소견에 옳은 대로
4. 어떻게 순종하는가?	주님 말씀하시면 나아가리다	주님 말씀하시면 멈춰 서리라
5. 어떤 모임을 사랑하는가?	교회 공동체, 특히 목장 식구들	음주와 가무를 우선하는 세상 모임
6. 지체 의식은?	상대방을 먼저 생각	오직 나와 내 가족만 생각
7. 지체를 대하는 방법 & 목장에서 오픈은?	가슴과 가슴으로 & 목욕탕에서 발가벗은 것처럼 적나라하게	가면과 가면을 쓰고 & 중요한 것은 숨기고
8. 돕는 배필은?	조강지처	부인이 아닌 다른 여자
9. 헌금 생활은?	온전한 십일조	십일조 대신 감사헌금만
10. 자녀의 결혼은?	믿음의 결혼	불신결혼

이 중에서 Go에 해당하는 것이 얼마나 되는지 각자 평가해 보고, 6 개월 후에 어느 정도 Go가 늘어났는지 서로 나누기로 했답니다. 이렇게 서로 권면하고 점검하는 목장예배가 있으니 분명 열매가 나타날 줄 믿습니다.

◇◇◇◇◇ 일주일의 생활에서 가장 우선으로 두는 것은 무엇입니까. 개인예배, 소그룹예배, 공예배를 중심으로 시간과 에너지를 분배합니까.

내 옆의 힘든 사람을 인정해야 한다

> 너는 모든 정결한 짐승은 암수 일곱씩, 부정한 것은 암수 둘씩을 네게로 데려오며 (창 7:2)

악을 쓸어버리기 위해 심판을 준비하시지만, 노아에게 정한 것과 부정한 것을 다 방주로 데리고 들어가라고 말씀하십니다. 부정한 것은 안 가지고 들어가야 할 것 같지만, 훈련을 위해서 부정한 것도 가지고 가라고 하십니다. 우리에게 100퍼센트 완벽한 정결함은 없습니다. 정결한 것과 부정한 것이 공존합니다. 몸속에도 좋은 균만 있으면 쉽게 병에 걸

럽니다. 좋은 균과 나쁜 균이 공존하면서 싸워야 진짜 병균이 들어왔을 때 저항할 힘이 생깁니다. 다윗의 훈련을 위해서 사울이 끊임없이 수고했듯이, 내 옆에 있는 힘든 사람 때문에 내가 방주에 들어가게 됩니다.

하나님의 시간에 순종해야 한다

> 지금부터 칠 일이면 내가 사십 주야를 땅에 비를 내려 내가 지은 모든 생물을 지면에서 쓸어버리리라(창 7:4)

순종하기로 결정했더니 하나님이 날짜까지 정해 주십니다. 우리는 비가 오면 언제 그칠까 걱정하고, 비가 안 오면 가물어서 걱정합니다. 아이가 없어도 걱정하고 아이가 생기면 어떻게 키우나 걱정합니다. 하나님을 신뢰하지 않으면 7일 후에 비가 온다고 정확하게 알려 주셔도 걱정하느라 방주에 못 들어갑니다. 120년 동안 고생하며 지어놓고는 "혹시 비가 안 오면 어떡하지?" 하면서 차마 방주 문을 못 닫습니다. 하나님의 시간과 말씀에 온전히 순종하기가 참 어렵습니다.

홍수 바로 전날까지 먹고 마시고 시집 장가가던 사람들에게는 비가 와야만 합니다. 심판이 와야만 합니다. 그래야 그들이 회개하지 않겠습니까. 회개할 기회도 없이 가는 것이 더 큰 심판이기에 홍수가 와야만 합니다. 그렇듯 우리에게도 심판이 와야 할 때가 있습니다. 그런데 그

심판을 면하려고 대출받아 헌금하고 예언기도 받으러 다닙니다. 말씀이 있어야 내게 일어나야 할 사건을 분별하는데, 기복에 젖어 하나님의 시간을 분별하지 못합니다.

달라스 윌라드는 "악 앞에서 '왜'라는 질문을 던지는 것은, 평범한 인간의 성품 안에 거주하며 인간사를 움직이는 세력을 통찰하지 못하는 증거"라고 했습니다. 평범하고 점잖은 인간의 성품에 팽배한 조직적인 준비성이 바로 인간의 본성이며, 자기의 안전, 자존심, 육체적 쾌락의 만족 등에 도움이 된다면 그 준비성이 언제고 개시된다고 합니다.

이 말이 무슨 뜻입니까? 우리 속의 악을 말하는 것입니다. 나 자신의 안전과 자존심, 육체적 쾌락을 위해서라면 내 속의 악은 언제라도 발동합니다. 내가 얼마나 악한지 모르면 다른 사람을 손가락질합니다. 내가 말씀으로 나의 죄를 봐야 다른 사람을 이해하게 되고, 나 같은 죄인도 구원해 주신 은혜 때문에 다른 사람들에게 함부로 말할 수가 없어집니다. 그래서 "왜?"라고 토 달지 않고 하나님의 시간과 방법에 순종하게 됩니다.

◇◇◇◇◇ 부정하게 여겨지는 사람, 부정한 일들이 있습니까.
그 사람이 언제 변할까, 그 일이 언제 끝날까 하며 힘들어 합니까.
부정한 것들을 통해 나의 더러움과 악을 깨달으며 하나님의
시간에 순종합니까.

노아가 여호와께서 자기에게 명하신 대로 다 준행하였더라(창 7:5)

하나님이 명하신 대로 다 준행하는 것이 얼마나 힘든지 모릅니다. 악의 세력을 정복하기에 적합한 것은 오직 그리스도 예수의 피뿐이라고 빌 하이벨스 목사가 이야기했습니다. 내 힘으로는 악을 이길 수 없고, 하나님의 명령을 다 지킬 수 없습니다. 시마다 때마다 예수님의 피를 의지해서 준행하면 좋겠지만 사소한 일에도 말씀대로 적용하기가 너무 어렵습니다.

어느 집사님이 남편과 함께 부부목장에 가려고 남편에게 연락했습니다. 그런데 남편은 몇 시간 동안 연락이 안 되고, 예배 시간이 한참 지난 후에 늦게 나타났습니다. 예배에 늦는 것이 너무 싫었던 부인 집사님은 분을 참지 못하고 남편에게 욕설이 담긴 메시지를 보냈다고 합니다. 여호와의 명대로 살겠다고 예배를 드리러 가는데 순간의 악을 이기지 못하고 은혜를 쏟아버린 것입니다.

그래도 목장에서 이런 사정을 나누면 금세 돌이킬 수 있습니다. 어디서나 부부간에 다툴 수 있습니다. 그런데 이 세상에서의 다툼은 돌아오지 못할 강을 건너지만, 공동체 안에서의 다툼은 서로의 죄를 보게 하고 중재가 됩니다. 둘이서만 좋아 지낸다고 부부관계가 좋은 것이 아니라 공동체 안에서 삶을 나눌 때 부부관계도 더 돈독해지는 것입니다.

빌 하이벨스 목사는 "변화시키는 믿음은 움직임 안에서 가능하다"고 말합니다. 순종하는 자에게 하나님의 능력이 임하고, 우리의 역경과 도전 속에 하나님께서는 초자연적으로 개입하길 원하시지만 우리의 성적인 죄는 의식적으로 멈추지 않는 한 사라지지 않는다고 지적했습니다. 적절한 도움을 받으며 조치를 취할 때 성적인 죄가 정복됩니다. 죄가 관영한 시대이기에 반수 이상의 남자들이 혼외정사를 경험했다는 통계치가 나옵니다. 남자들의 상대가 여자일 테니 그만큼의 여성 역시 혼외정사를 하고 있는 겁니다. 악하고 음란한 이 시대에 어떻게 악을 이기고 중독을 끊고 말씀을 준행하는 삶을 살 수 있을까요.

찰스 스탠리의 《용서》라는 책에 15세 소녀 페시 이야기가 나옵니다. 그녀는 13세부터 당시 18세이던 청년과 성관계를 가졌습니다. 관계가 2년 동안 계속되었고 소녀는 자신도 모르는 사이에 죄악에 길이 들었습니다. 그래서 청년이 자신을 떠나자 심한 불안으로 괴로워했고 상담자를 찾아가 도움을 청했습니다. 그리고 36세의 그 상담자와도 육체적 관계를 맺게 되었습니다. 페시는 그런 자신이 더럽고 불경건하다는 생각에 끊임없이 자책하다가 스탠리 목사를 찾아왔습니다.

그녀는 죄책감 때문에 무엇을 어떻게 해야 할지 모르겠다고 고백했습니다. 그리고 자신의 죄악과 사악함 때문에 하나님께서 자신을 용서하기 힘드실 거라 생각했습니다. 그러나 스탠리 목사는 행복한 결말이 용서받는 데서 오는 것이지 개인의 주관적인 느낌에서 오는 게 아니라고 말했습니다. 용서는 객관적인 것이지 나의 주관적인 느낌이 아니며,

하나님께서 우리에게 하신 일에 속하는 것이지 우리의 느낌에 따라 달라지는 것이 아닙니다.

낙태, 이혼, 자녀를 버린 일 등을 경험한 사람이 자신을 용서하기가 쉽지 않습니다. 용서하지 못하는 마음과 죄책감은 자신을 부당하게 질책합니다. 그러면서 대개는 자신의 죄를 끊임없이 재현하게 됩니다. 우리는 예수님의 보혈의 공로에 의지해서 자기를 용서해야 합니다. 내가 나를 용서하지 않으면 같은 죄를 반복적으로 저지를 가능성이 높습니다.

내 힘으로는 방주를 지을 수 없고, 여호와의 명대로 다 준행할 수 없습니다. 날마다 우리는 순간의 분노와 정욕에 무너지고, 중독과 죄책감으로 무너집니다. 그래서 우리는 예수 그리스도의 보혈에 의지하여 방주로 들어가야 합니다. 내 힘으로 할 수 없어서, 길이 없어서 하나님을 찾고 의지하는 것이 최고의 믿음입니다. 끊지 못하는 죄와 중독을 경험하면서 날마다 내 죄를 회개하고 하나님의 말씀을 사모하는 것이 방주에 들어가는 길입니다.

◇◇◇◇◇ 내 나이에 하고 있어야 할 일을 하나도 못하고 있다고 한탄합니까. 결혼을 못했습니까, 아이가 없습니까, 죽도록 일해도 알아주는 사람이 없습니까. 예배가 있고 하나님의 말씀이 있어서 기가 막힌 환경에서도 요동 없이 평강을 누립니까.

말씀으로 기도하기

고난 속에서도 '길이요 진리요 생명'이신 예수님을 구주로 모시는 것
이 방주로 들어가는 것입니다. 세상에서 성공해도 방주로 들어가지 않
으면 실패한 인생입니다.

내 십자가를 잘 지는 것이 방주 짓는 것입니다.(창세기 7:1)

노아가 고난 속에서 하나님만을 바라보았기에 의로움을 인정받았습
니다. 못 먹고 못 누리는 환경이 세상을 차단시켜 줘서 120년 동안 묵묵
히 방주를 지을 수 있었습니다. 반복적인 어려움과 불가피한 인생의 고
난을 피하거나 불평하지 말고, 십자가 지는 삶으로 구원의 방주를 짓게
하소서.

방주로 들어가기 위해 예배가 회복돼야 합니다.(창세기 7:2-3)

짐승과 새를 암수로 취하게 하신 것은 종족 보존과 함께 하나님께 제사를 드리기 위함입니다. 하나님을 경배하고 말씀을 나누는 예배가 구원의 방주임을 알고 날마다 예배를 최우선으로 놓는 선택과 결정을 하기 원합니다.

내 옆의 힘든 사람을 인정해야 합니다.(창세기 7:2)

방주 안에 부정한 짐승도 데리고 들어가라 하십니다. 내가 정결하지 못하기에 부정한 것, 부정한 사람을 통해 훈련하십니다. 내가 정결케 되도록 수고하는 내 옆의 힘든 사람을 인정하고 섬기게 하소서.

하나님의 시간에 순종해야 합니다.(창세기 7:4)

120년 방주 짓는 동안 안 오던 비가 7일 후에 온다고 하실 때 인간의 생각으로는 믿기 어려웠을 것입니다. 그럼에도 하나님을 신뢰함으로 하나님의 시간에 순종하기 원합니다.

여호와께서 명하신 대로 다 준행해야 합니다.(창세기 7:5)

가정과 직장에서 말씀대로 준행하는 것이 쉽지 않지만, 사소한 한 가지라도 말씀을 적용하면 하나님의 능력이 나타날 것을 믿습니다. 결혼을 못하고 자식을 못 낳고 내 나이에 맞는 일을 못하고 있어도, 그 고난을 통해 방주로 들어가게 하신 하나님을 찬양합니다.

저는 불신가정에서 태어났습니다. 친어머니는 여섯 살 때 돌아가셨고, 저는 새어머니 밑에서 자랐습니다. 집안의 실질적 가장이던 할머니에게 잘 보이려는 마음에, 어린 나이에도 도매시장에서 물건을 사다가 저희 집에 세들어 사는 사람들에게 팔고 그 이윤을 모아 금을 사는 등 부족한 사랑을 채우고 싶어 했습니다. 그러나 저의 허전함은 채워지지 않았습니다. 그런데 고 1때 언니들을 따라간 교회에서 내가 택함 받은 하나님의 딸이라는 말씀에 처음으로 은혜를 받게 되었습니다. 하나님의 자녀가 된 소망과 자존감에 대학 선교 동아리의 대표로 사역을 하며 고등부 아이들을 가르쳤습니다. 하지만 교회 안에서도 아벨의 자손 같은 형제들을 무시하고 세상적으로 잘나가는 가인의 후예를 바라보았습니다. 새어머니가 결혼의 걸림돌이 된다는 생각에, 내 처지를 잘 알고 이해해 줄 것 같고, 야망과 능력이 넘쳐 보이는 남편과 도망치듯 불신결혼을 했습니다.

애굽의 종살이인 줄도 모르고 시작한 결혼 생활은 서로 다른 가치관의 충돌과 경제적인 고난으로 힘겨웠습니다. 그러나 그때마다 하나님이 아닌 남편의 야망을 더 믿었기에, 몇 번씩 사업 종목을 바꾸던 남편이 큰돈을 버는 데 성공하자, 강남에 집을 샀고, 공장도 인수하며 용사가 된 줄 알았습니다. 그러나 곧 과도한 사업 확장은 부도로 이어졌습니다. 그 여파로 언니들에게 물질적으로 큰 피해를 주었으며, 눈덩이처럼 불어나는 빚 때문에 조그만 집에 월세를 내는 것도 버거울 지경에 이르렀습니다.

그때에야 비로소 저와 남편은 두 손 들고 함께 교회로 나왔습니다. 세상과 차단된 환경 덕분에 13년 간 부르지 않았던 여호와의 이름을 부르게 되었고, 예배를 사수하며 방주를 짓게 되었습니다. 심판의 때가 방주로 들어가는 가장 큰 은혜의 때임을 알게 되었습니다. 때론 제가 경제적으로 피해를 끼친 언니들과 함께 예배드리는 것이 수치와 조롱을 당하는 것 같아 싫었고, 말씀 듣는 언니가 왜 용서를 못해 줄까 서운하기도 했습니다. 그러나 하나님은 이 악한 마음 때문에 구원의 방주를 짓지 못함을 깨닫게 하셨고, 언니와도 화해하게 하셨습니다. 또한 26세의 처녀의 몸으로 우리집에 시집오셔서 무서운 홀시어머니와 무심한 남편을 모신 새어머니를 6남매가 똘똘 뭉쳐서 무시했던 악을 회개하며 용서를 구하게 하셨습니다. 그래서 지금은 8남매 중 두 동생 가족과 함께 5남매가 한 교회에서 함께 방주를 짓는 축복을 누리고 있습니다. 교회 다니는 것을 반대하시던 어머니도 믿음생활을 하고 계십니다.

얼마 전 고3 큰아들이 친구의 권유로 오토바이를 몰다 택시 뒷범퍼를 받는 사건으로 돈을 물어내야 했습니다. 가족 모두 하나님이 주신 사건은 무엇이든 옳으며 '왜'가 없는 것을 알기에 하나님께 묻고 기도했습니다. 그랬더니 남편은 이번 사건으로 아무것도 해줄 수 없는 자신의 무능함을 깨닫고 '미련을 두고 있는 사업을 내려놓고 어떤 일이든 하겠노라'고 했습니다. 그리고 저도 '네가 한 일이니 네가 당하라'는 마음으로 돈을 내놓지 않았는데, 물질에 집착하는 엄마의 악한 동기를 눈물로 고백했더니 둘째 아들이 눈물을 흘리며 '자신도 똑같다'며 쌈짓돈을 내놓았습니다. 그래서 이 사건을 큰아들 혼자의 사건이 아닌 가족 모두의 사건으로, 하나님보다 물질을 우선시하는 가족의 죄를 끊어내는 하나님의 사랑으로 받게 하셨습니다. 경제적 고난으로 저절로 세상과 차단되게 하시고, 가족 모두가 하나님만을 바라보게 하신 은혜에 감사를 드립니다. 하고 싶은 것 못하고 가고 싶은 곳 못 가도 날마다 말씀과 예배로 역청을 바르며 구원의 방주 안에 들어가기 원합니다.

◇◇◇◇
기도

하나님 아버지, 내 나이에 왜 해야 할 일을 못하고 놀지도 못하고 치열하게 사는가 생각했습니다. 어려서는 피아노로, 지금은 설교로 매여 있습니다. 그러나 그것이 나를 세상과 차단시켜서 구원을 이루게 하신 축복임을 인정합니다. 다른 것을 생각할 겨를이 없어서 딴 짓을 못하게 하시는 것을 감사합니다. 이것이 축복인 줄 알고 걸어가게 하옵소서. 이 땅에서 아무리 잘산다고 하루에 네 끼를 먹고 두 벌 옷을 입으며 살겠습니까. 그저 말씀 보면서 다른 사람을 살리기 위해 걸어가게 해 주시옵소서. 방주로 들어가는 인생을 기뻐하면서 하나님의 이름을 부르게 하옵소서.

이런 의로움을 가지기 위해서 예배에 목숨을 걸고, 힘든 사람을 인정하며, 하나님의 시간에 순종하게 하옵소서. 하나님의 명대로 다 준행하게 하옵소서. 사소한 것까지 주님을 경외함으로 하게 하시고, 방주를 잘 짓고 그 안에 잘 들어가게 은혜 내려 주시옵소서.

할 것을 못한다고 한탄하는 지체들, 시집 장가를 못가고 힘든 상황에 있는 지체들을 찾아가 위로해 주시옵소서. 홀로 되어 일가 피붙이 하나 없는 이 시대의 고아들을 위해서 기도합니다. 동정받지 말고 하나님 앞에서 당당하게 방주에 들어가게 하옵시고, 주님이 친히 부모가 되어 주시옵소서. 노아처럼 되는 일이 없는 인생이라도 어떤 환경에서도 사용하여 주시고 은혜를 내려 주시옵소서. 예수님의 이름으로 기도합니다. 아멘.

chapter 4

드디어 하나님께서
홍수로 심판하십니다.
이 심판에서 우리가 어떻게 하나님께
반응해야 할지 알려 주시옵소서.

내 삶의
홍수
심판

하나님은 노아의 세대를 향해 계속해서 홍수를 예고하시고 유예기간을 주셨습니다. 그러나 홍수가 왔을 때 사람들은 왜 이런 일이 왔느냐면서 속수무책으로 헤매고 무너졌을 것입니다. 심판은 어떻게 오는 것이고, 심판 가운데 구원받는 삶은 어떤 것일까요.

방주를 피하면 반드시 홍수 심판이 온다

홍수가 땅에 있을 때에 노아가 육백 세라(창 7:6)

노아가 육백 세 되던 해 둘째 달 곧 그 달 열이렛날이라 그 날에 큰 깊음의 샘들이 터지며 하늘의 창문들이 열려(창 7:11)

홍수가 땅에 사십 일 동안 계속된지라(창 7:17)

물이 백오십 일을 땅에 넘쳤더라(창 7:24)

³물이 땅에서 물러가고 점점 물러가서 백오십 일 후에 줄어들고 ⁴일곱째 달 곧 그 달 열이렛날에 방주가 아라랏 산에 머물렀으며(창 8:3-4)

심판은 역사적이고 실제적인 사실입니다. 홍수 설화는 세계 여러 곳에서 발견됩니다. 그러나 위에 언급한 구절처럼 정확한 날짜와 기간이 명시된 곳은 성경밖에 없습니다. 홍수 사건이 설화나 신화가 아니라 실제이고 역사임을 의미합니다.

깊음의 샘들이 터지고 하늘의 창문들이 열렸다고 합니다. 하나님이 천지를 창조하시면서 궁창 아래위로 나누셨던 물층을 깨버리셨습니다. 완전히 초토화시키셨습니다. 최초의 혼돈 상태로 돌아가는 무시무시한 심판이었습니다. 숨 쉴 틈 없이 계속해서 강편치를 날리는 것 같은 심판입니다. 밑에서는 깊음의 샘들이 터지고, 위에서는 하늘의 창들이 열려 어디로도 도망갈 길이 없는 홍수였습니다. 물층이 깨졌기에 홍수 이후의 인류는 추위와 더위를 겪게 되었고, 수명이 단축되었습니다.

그럼에도 이 일은 있어야 할 사건이었습니다. 하나님은 이미 인간이 마음에 계획하는 바가 악함을 보시면서 120년 간 참으셨습니다. 그러니 이 사건에서 너무했다고 할 사람은 없습니다. 도대체 왜 이런 일이 오냐고 항변할 사람은 아무도 없습니다.

> [21] 땅 위에 움직이는 생물이 다 죽었으니 곧 새와 가축과 들짐승과 땅에 기는 모든 것과 모든 사람이라 [22] 육지에 있어 그 코에 생명의 기운의 숨이 있는 것은 다 죽었더라 [23] 지면의 모든 생물을 쓸어버리시니 곧 사람과 가축과 기는 것과 공중의 새까지라 이들은 땅에서 쓸어버림을 당하였으되 오직 노아와 그와 함께 방주에 있던 자들만 남았더라(창 7:21-23)

육의 죽음을 위해서 심판을 주십니다. 생명이 있는 것들은 다 죽음을 맞는 심판이었습니다. 심판은 죽으라고 주는 것입니다. "나는 죽었다. 나는 아무것도 할 수 없다"라고 고백하기까지 심판을 주십니다.

그런데 이 어마어마한 물심판 중에서도 살아남는 것이 있으니, 바로 물고기입니다. 하나님은 방주에 들일 동식물에 대해 알려주셨는데 물고기를 들여오라는 말씀은 하지 않으셨습니다.

이 땅을 물심판과 불심판으로 강하게 심판하셔도 모든 사람이 변화되지는 않습니다. 심판으로는 사람을 변화시키지 못합니다. 오직 그리스도의 보혈만이 모든 사람을 변화시킵니다. 온 세상이 심판을 당해도 물고기처럼 살아남는 사람이 있습니다. 구원도 없고, 간증도 없고, 교회를 나와도 심령이 냉랭합니다. 모두가 죽어 가는데 관심도 없고 상처도 받지 않습니다. 죽으라고 오는 심판에서 혼자 살아남아서 감사도 없고 은혜도 없습니다.

죽으라고 오는 심판에서는 죽어야 합니다. 그런데 아직도 나의 신념과 의지로 일어나 보겠다고 하십니까? 똑똑한 사람일수록 홍수가 오면 제방을 쌓고 피할 곳을 만들어서 "절대로 홍수에 쓰러지지 않겠다"고 합니다. 이들의 주제가는 "내 힘으로 재난을 막았다" 아니면 "앞으로 재난을 막겠다"입니다. 그러나 그 대단한 가인의 문명으로도 이 홍수를 막지 못했습니다. 인간의 힘으로는 홍수 심판을 막을 수가 없습니다.

심판이 긴 것 같지만 긴 시간이 아닙니다. 150일 동안 방주 안에 있는 것이 길게 느껴집니까. "길구나, 미치겠다" 하면 그곳이 지옥이고, 내 죄를 보면서 "짧구나" 하면 그곳이 천국이 됩니다. 70평생 고생을 해도 내 죄를 생각하고 예수님을 생각하면서 가면 천국이지만, 1년을 당해도 "길다, 못 참겠다"를 연발하면서 가면 지옥입니다.

> 들어간 것들은 모든 것의 암수라 하나님이 그에게 명하신 대로 들어가매 여호와께서 그를 들여보내고 문을 닫으시니라(창 7:16)

회개의 기회를 놓치면 영원한 멸망이 있습니다. 방주에 다 들어가고 나니 하나님이 문을 닫으십니다. 회개의 기회를 놓치면 하나님이 문을 걸어 잠그십니다. 영원한 멸망만 기다립니다. 그런데 정신 못 차리고 들어가지 않는 사람이 많습니다. 들어가면 그동안에 준비한 최소한의 물로 견뎌야 하는데, 밖에는 물이 넘칩니다. 세상 돈이 다 내 돈 같아서 안 써야 할 돈을 쓰고, 먹지 말아야 할 물을 먹습니다. 그러면 다 죽는 겁니다. 방주의 원칙은 '있으면 먹고 없으면 금식하고 죽으면 순교하는' 것입니다. 제발 안 믿는 부모, 자식, 친척한테 손 벌리지 마십시오. 예수님 믿는 자존심을 가지고 절제하며 살아야 하는데 가진 것만으론 부족하다고 창일한 물만 바라봅니까.

부도로 사업이 망하고 빚더미에 앉은 집사님 한 분이 있습니다. 살 집도 겨우 마련해서 온 식구가 좁은 집에 모여 사는데, 어느 날 집사님을 좋게 본 어떤 분이 강남에 있는 자기 아파트에 들어와 살면 어떻겠냐고 제안했습니다. 본인은 미국에 거주하면서 일 년에 한 번 한국에 올까 말까 하는데, 관리비만 내고 살면서 그 아파트를 관리해 달라는 겁니다.

여러분 같으면 어떻게 하시겠습니까. 기도의 응답이라고 좋다고 하며 바로 이삿짐을 싸지 않겠습니까.

그런데 이 집사님은 말씀을 묵상하면서 이렇게 적용했습니다. 지금은 빚을 갚아야 할 때인데, 큰 아파트라 관리비가 한 달에 기십만원은 나올 것이고, 그 돈으로 빚부터 갚는 게 좋겠다는 것입니다. 또 큰 아파트에 살다 보면 그 수준에 맞춰서 돈을 쓰게 될 것이니, 그 집에는 들어가지 않기로 했습니다. 창일한 물이 내 앞에 있어도 그게 내 것이 아님을 알았습니다. 이런 마음으로 빚부터 갚기로 작정하면 심판에서 살아나게 될 줄 믿습니다.

방주를 피하면 홍수를 당한다는 걸 알아야 합니다. 상황을 자꾸 피하면서 평생 홍수에 쫓겨 다니는 분들이 얼마나 많은지 모릅니다.

최초의 십자가가 최고로 좋은 십자가인데 자꾸 피하면 더 힘든 십자가를 지게 됩니다. 이 세상의 악 때문에 고통하는 사람이라면 어떤 심판에서도 "너무해"라고 말하지 않습니다. 잠잠히 방주에 들어갈 때 심판이 구원이 됩니다.

◇◇◇◇◇ 홍수처럼 모든 것을 쓸어버리는 사건에서 당황하며 헤매고 있습니까. 나와 다른 이들의 악을 회개하며, 심판으로 내 욕심과 집착과 중독을 쓸어버리시는 것에 감사합니까.

방주로 들어가면 반드시 구원이 있다

여호와께서 노아에게 이르시되 너와 네 온 집은 방주로 들어가라 이 세대에서 네가 내 앞에 의로움을 내가 보았음이니라(창 7:1)

노아는 아들들과 아내와 며느리들과 함께 홍수를 피하여 방주에 들어갔고(창 7:7)

곧 그 날에 노아와 그의 아들 셈, 함, 야벳과 노아의 아내와 세 며느리
가 다 방주로 들어갔고(창 7:13)

지면의 모든 생물을 쓸어버리시니 곧 사람과 가축과 기는 것과 공중
의 새까지라 이들은 땅에서 쓸어버림을 당하였으되 오직 노아와 그와
함께 방주에 있던 자들만 남았더라(창 7:23)

구원의 공동체가 너무나 중요합니다. 방주에 들어간 사람들은 다 구
원을 받았습니다. 노아 공동체는 구원의 공동체였습니다. 하나님이 7장
전체에서 네 번이나 노아 공동체를 언급하십니다. 노아의 아들들이 똑
똑하고 잘나서 방주에 들어간 것이 아닙니다. 방주를 지으며 수치와 조
롱을 당한 노아를 자녀들이 보았기에 함께 방주에 들어갔습니다. 그러
니 자녀들 때문에 걱정하지 마십시오.

우리에게 아무리 험악한 역할이 주어지더라도 노아처럼 예수님만 믿
고 가면 우리 자녀들에게 예수님이 오십니다. 어떤 홍수 심판 가운데서
도 방주에만 들어가면 함께 구원을 받을 것입니다.

노아 공동체는 잘난 사람이 들어가는 것이 아닙니다. 내가 되는 일이
없어서 노아처럼 하나님만 믿고 의지할 때 속 썩이고 말 안 듣는 내 자
녀들도 방주로 함께 들어가게 될 것입니다.

열심히 준비했기에 방주로 들어갔다

어떤 준비를 해야 합니까? 미리미리 예수님을 길로 놓는 것이 최고의 준비입니다. "사람이 감당할 시험 밖에는 너희가 당한 것이 없나니 오직 하나님은 미쁘사 너희가 감당하지 못할 시험 당함을 허락하지 아니하시고 시험 당할 즈음에 또한 피할 길을 내사 너희로 능히 감당하게 하시느니라"(고전 10:13) 하셨습니다.

하나님의 시간 전에, 7일 전에 이들이 홍수를 피해(7절) 방주로 들어가 있었습니다. 홍수가 오지 않는 것이 피할 길이 아니라 예수님이 길이십니다. 환경이 변하게 해 달라는 기도, 하늘의 창이 닫히고 깊음의 샘이 막히게 해 달라는 기도는 옳은 기도가 아닙니다. 7일 전에 방주에 들어가 있는 것이 가장 안전하고도 살 길입니다.

성경은 믿지 않는 자에게는 '애가와 애곡과 재앙의 말'(겔 2:10)로 들립니다. 망할까 봐 무섭고 심판이 올까 봐 무섭습니다. 그런데 이것을 에스겔 선지자가 받아먹었더니 꿀같이 달아졌습니다(겔 3:3). 이 말씀을 언어가 같은 백성에게 전하라고 하셔서 이스라엘 백성에게 전했더니 그들이 듣지 않았습니다. 에스겔이 그렇게 당한 것이 많아서 훈련이 됐습니다. 이마가 금강석같이 되기까지 훈련을 받았습니다. 그랬기 때문에 하나님께서 그 눈에 기뻐하는 아내를 하루아침에 데려가시면서 슬퍼하거나 울지 말고 조용히 탄식하라 하실 때(겔 24:16-17) 그 말씀에 잠잠히 순종할 수 있었습니다. 저 역시 걸레질하며 순종하는 훈련을 겪었기에 남편의 죽음 앞에서 이 말씀을 알아들었습니다. 제 남편이 하루아침에 갔지만 제게 말씀이 있었고 그의 구원을 위한 애통의 기도가 있었기에 그의 죽음이 제게는 심판의 사건이 되지 못했습니다.

어떤 사람은 하나님께서 배우자를 데려가셔도 그것을 백성에게 전할 표징으로 살아냅니다. 구원의 샘플로 보여주는 인생을 삽니다. 그런데 똑같은 상황에서도 어떤 사람은 힘들어서 따라 죽겠다고 하며 심판을 고스란히 당합니다. 보이는 것이 이생뿐이라면 서러워서 어떻게 살겠습니까. 그러나 말씀으로 준비하면 이 땅의 삶이 전부가 아님을 알게 됩니다. 병이 낫고 부도가 안 나는 것이 구원이 아닙니다. 어떤 사건이 와도 말씀으로 준비하는 것이 구원입니다.

성경을 아무리 뒤져도 가인의 후예가 축복이라고 하지 않습니다. 한계 상황, 불치병, 전적 무능과 전적 부패를 부르짖었던 에노스를 통해 예수님이 오셨습니다. "우리가 이 보배를 질그릇에 가졌으니 이는 심히 큰 능력은 하나님께 있고 우리에게 있지 아니함을 알게 하려 함이라"(고후 4:7). 질그릇 같고 쓰레기 같은 내 환경에서 보배이신 예수 그리스도가 증거되는 환경을 살라고 성경 전체가 우리에게 부르짖습니다.

예수님을 빙자해서 성공을 간증하는 게 축복이 아닙니다. '예수님 믿었더니 이만큼 성공했다'는 등의 예수님을 빙자한 야망을 버리십시오. 100퍼센트 죄인된 내가 하나님 없이 무엇을 이루었다고 자랑할 수 있겠습니까. 내 인생이 콩가루 같고 누추해도 거기서 예수님만 나타내면 영광 돌리는 인생이 됩니다. 심판을 구원으로 바꾸어 남을 도와줄 수 있습니다. 그 초라한 삶에서 어떻게 그렇게 예수님을 믿는지 보여주는 것이 참된 영광입니다.

최소한의 순종을 통해 구원의 역사를 이루신다

> [8]정결한 짐승과 부정한 짐승과 새와 땅에 기는 모든 것은 [9]하나님이
> 노아에게 명하신 대로 암수 둘씩 노아에게 나아와 방주로 들어갔으며
> (창 7:8-9)

모든 생물의 종류를 암수 쌍으로 데려가는 일이 쉽겠습니까. 그런데 내가 일주일 전에 방주에 들어가는 최소한의 순종을 하면 동물들이 제 발로 다 방주 안에 들어옵니다. 내가 하나님을 신뢰하고 최소한의 순종을 하면 인간의 힘으로 할 수 없는 일을 도와 주십니다.

모세가 홍해 앞에서 손을 바다 위로 내밀었을 때 홍해가 갈라졌습니다(출 14장). 만일 모세가 혹시라도 백성이 보는 앞에서 아무 일도 일어나지 않으면 어쩌나 하는 걱정에 순종하지 않았다면 어떻게 되었겠습니까. 출애굽도 못하고 추격해 오는 바로의 군대에 다 죽었을 것입니다. 예배와 양육이라는 최소한의 순종을 잘 하시기 바랍니다. 홍수 심판 가운데서도 양육받겠다는 다짐이 바로 최소한의 순종입니다. 그러면 상상하지 못할 곳에서 도우실 것을 믿습니다.

방주에 들어가면 구원의 사명을 감당한다

> ¹⁷ 홍수가 땅에 사십 일 동안 계속된지라 물이 많아져 방주가 땅에서 떠올랐고 ¹⁸ 물이 더 많아져 땅에 넘치매 방주가 물 위에 떠 다녔으며 ¹⁹ 물이 땅에 더욱 넘치매 천하의 높은 산이 다 잠겼더니 (창 7:17-19)

비가 아직 오지 않아도 방주에 들어가서 잠잠히 기다리고 있으면 생각지 못한 방법으로 하나님이 구원해 주십니다. 물이 많아져서 방주가 떠오릅니다. 물이 더 많아지면 천하의 높은 산까지 덮입니다. 우리도 고난의 양이 차면 뜨게 됩니다. 그리고 천하의 험한 산, 높은 산들이 다 덮이게 됩니다.

고난의 양이 찬다는 것은 많은 고난을 당해야 한다는 뜻이 아닙니다. 어떤 고난이든 그 속에서 하나님의 뜻을 깨닫는 것이 내 고난의 양이 차는 것입니다. 고난이 계속되더라도 그 자리에서 내가 구원을 위해 할 일이 있다는 것, 하나님이 맡기신 사명을 감당하는 것이 물이 많아져 떠오르는 인생입니다.

그런 사람은 천하의 높은 사람, 무서운 사람도 다 덮을 수 있습니다. 가진 것, 배운 것이 없어도 구원의 방주 안에 있으면 기죽거나 가라앉지 않습니다. 홍수 심판의 고난 속에서도 구원의 사명을 감당하는 것, 이것이 천하를 덮는 믿음, 세상을 이기는 믿음입니다.

방주에서는 자기 자신과의 싸움을 싸워야 한다

양궁 선수들에게는 적이 없습니다. 그들의 목표는 자신의 기록을 갱신하는 것이기에 온전히 자기와의 싸움을 싸워야 합니다. 비가 오나 눈이 오나 최고의 집중력을 발휘해 활을 쏘는 훈련을 해야 좋은 성적을 거둘 수 있습니다. 마찬가지로 방주에 들어가면 남과 싸울 일은 없습니다. 다만 자기 자신과 싸워야 합니다. 내 마음을 지키는 것이 최고의 자율입니다. 하나님의 훈련을 받을 때 이 자율을 누리게 됩니다. 어떤 상황에서도 자기 자신을 지킬 수 있게 됩니다.

대기업에서 높은 지위에 있다가 실직 후에 어떻게든 살아보겠다고 베트남에 가서 한 달에 이백만 원을 받고 일하던 집사님이, 다시 실직해서 한국으로 돌아오셨습니다. 이분 역시 일류 학벌을 갖추셨는데 홍수 심판이 왔습니다. 지옥을 살 수도 있는 상황에서 집사님이 어떻게 살고 계신지, 아내 집사님이 큐티 나눔에 글을 올리셨습니다.

목장 개편이 있기 전, 저는 남편에게 이번에 목자를 안 하면 어떻겠냐고 몇 번을 물었습니다. 베트남에 가기 전 교구장까지 했던 사람이라, 본인이 정확한 의사를 밝히지 않으면 임명될 것 같았습니다. 이런저런 일로 바쁘고 신경 쓸 일이 많은 제가 권찰 역할을 제대로 할 자신이 없었습니다. 그런데 남편은 제가 물어 볼 때마다, "응?" 하고 오히려 제게 되묻거나, "글쎄…" 하고 말끝을 흐리며 애매모호하고 어정쩡한 대답을 했습니다. 그리고 저도 말은 그렇게 했지만, 남편이 저 때문에 목자를 못 하는 게 옳지 않은 것 같아 갈등하고 있었습니다. 결국 남편은 임명을 받았습니다.

목자로 임명 받은 후, 마땅히 할 일이 없는 남편은 일주일 내내 말씀을 붙잡고 살았습니다. 월요일에 대충 말씀 정리를 끝내더니, 화요일에는 주일 말씀 중 첫 번째, 두 번째 소제목을 듣고 또 들으며 정리하고, 목요일은 세 번째, 네 번째 소제목을 듣고 또 들으며 말씀 정리를 했습니다. 그러자니 저도 시간 날 때마다 옆에서 말씀을 들으며 남편과 나누고, 이해가 안 되는 부분을 도와 주기도 했습니다. 남편과 함께 일주일 동안 그런 시간을 가지며, 문득 이것이 천국이 아닌가 생각이 들었습니다.

저녁에 부부목장을 위해 주방에서 준비를 하고 있는데, 미리 예배 때 부를 찬송가를 연습해 보는 남편의 나직한 목소리가 들렸습니다.

"이 세상에 근심 된 일이 많고 참 평안을 몰랐구나.
내 주 예수 날 오라 부르시니 곧 평안히 쉬리로다.
주 예수의 구원의 은혜로다 참 기쁘고 즐겁구나.
그 은혜를 영원히 누리겠네 곧 평안히 쉬리로다."

이런 평안은 돈이 많다고 누리는 것도 아니고, 권세가 있다고 누리는 것도 아니며, 마음이 가난한 자에게 주시는 위로부터 오는 평안일 겁니다. 목장예배를 드리며 남편을 말렸던 저의 마음을 나눴더니, 남편은 목자 직분을 해서라도 말씀에 매달려 보고 싶었다고 했습니다. 아마 남편은 그렇게 말씀을 준비하며, 세상에서 퇴직 당한 자신의 존재감을 하나님 앞에서 찾고 싶었나 봅니다.

남편 집사님이 혼자서 거실에 앉아 찬송을 부르는 모습을 그려 보십시오. 일주일 내내 목장에서 전할 말씀을 준비하고, 찬송가까지 먼저 불러보는 이것이 천국의 모습 아니겠습니까.

천국에는 오직 여호와의 이름을 부르는 에노스의 후손만 들어갑니다. 세상과 비교하지 마십시오. 학벌과 옛 경력을 자랑하면서 "내가 어떤 사람인데"라고 큰소리치지 마십시오. 예수님의 후손이 가인도, 아벨도 아닌 다른 씨 셋의 계보에서 나왔습니다. 아담의 3대손은 불치병에 한계 상황, 전적으로 무능하고 부패하다는 이름을 가진 에노스였습니다. 그 아들을 보면서 뭐 그리 예쁘고 대단했겠습니까. 노아의 식구들 역시 잘나서가 아니라 노아 곁에 있었기에 방주에 들어갔습니다. 힘든 환경이지만 방주로 떠다니며 나의 부끄러움을 있는 그대로 보여주면서 하나님께 영광돌릴 때 주님이 가장 기뻐하십니다.

◇◇◇◇◇   반드시 찾아오는 심판의 사건에 임하는 구원을 경험했습니까. 돈, 외모, 학력을 준비하는 것이 살 길이 아닙니다. 날마다 말씀과 기도를 준비하며 예수님만이 살 길인 것을 가족과 이웃에게 증거합니까.

말씀으로 기도하기

위기 때마다 경고를 받아도 망하고 나면 나에게 왜 이런 일이 왔느냐고 원망합니다. 노아를 통해 심판을 예고하시고 120년의 유예기간을 주셨어도 사람들은 듣지 않았습니다. 그리고 드디어 홍수 심판이 시작됩니다.

방주를 피하면 홍수 심판이 옵니다. (창세기 7:6-24)

홍수 심판은 역사적 사실이기에 정확한 날짜와 기간을 기록하고 있습니다. 실제적인 심판이 반드시 오는데도 경고를 듣지 않는 어리석음을 회개합니다. 온 땅이 물로 덮이고, 도망할 길도 없이 몰아가시는 심판에서 나의 모든 것이 죽기 원합니다. 심판을 피하겠다고 회개의 기회를 놓쳐서 영원한 멸망으로 가지 않도록, 죄로 인해 죽어야 할 심판에서 잘 죽고 구원받게 하소서.

방주로 들어가야 구원이 있습니다.(창세기 7:1-23)

노아와 그의 온 집이 방주로 들어가 구원을 받았습니다. 나와 가족에게 심판이 안 오기를 기도하지 말고, 날마다 말씀으로 심판을 예비하며 구원의 방주로 들어가게 하소서. 내 힘으로 데려올 수 없지만 짐승들이 제 발로 찾아오도록 하나님이 역사하십니다. 말씀을 준행하는 최소한의 순종을 하면 하나님께서 역사하시고 도우실 것을 믿습니다. 심판의 물이 차올라서 방주가 떠오른 것처럼, 고난의 양이 찰수록 높이 떠올라서 모든 사람에게 구원을 나타내게 하소서.

우리를 묵상과 적용

저는 불신가정이지만 세상적으로는 아무 것도 부러울 것이 없는 집안에서 태어났습니다. 그러나 당시 대한민국에서 손꼽히던 대기업을 창업하신 친할아버지의 거듭된 외도와 이에 따른 자식 간의 갈등이 심했습니다. 사업 문제로 아버지와 반목하는 아버지의 형제분들은 독실한 기독교 집안이었는데, 그로 인해 '기독교인은 가장 믿을 수 없고 위선적인 인간'이라는 고정관념이 심어졌고, 키가 작은 저의 열등감은 '실력과 공부 외에 내 인생에 구원은 없다'라는 신앙에 가까운 신념을 갖게 만들었습니다.

그리고 고등학교 입학, 대학 입학, 행정 고시, MBA 취득을 위한 미국 경영대학원 입학에 이르기까지 최고의 점수로 최고의 학교에 '단 한 번의 실패'도 없이 원하던 대로 들어갔습니다. 모든 것에 '최초'라는 수식어가 익숙하던 저에게 '예수님'은 어디에도 없었고 세상적으로 실패한 사람들은 경멸의 대상이었습니다.

그런데 1997년 당시 서울대 의대 레지던트였던 여동생이 KAL기 괌 추락사고로 하루아침에 죽고 말았습니다. 그 슬픔은 '세상은 허무하고 어차피 혼자 사는 것이며 쾌락과 자기만족만이 전부다'라는 생각을 심어 주었습니다. 이렇게 10대부터 20대까지 저는 '세상의 모든 중독과 음란의 종합백화점'을 만끽하며 살았고, 일중독, 여자 중독, 술 중독, 수면제 중독, 담배 중독, 대인관계와 연줄, 잔대가리 집착 등 수많은 중독을 겪었습니다.

게다가 제 사업을 시작하면서 세상적 성공도 점차 허물어지게 되었고, 외형 우선주의로 밀어붙이던 사업은 엄청난 자금압박을 받게 되었습니다. 이러한 상황에서 저의 '꼬리가 긴' 외도를 아내가 알게 되었고, 결국 사업과 가정을 모두 잃을 지경에 이르렀습니다. 저의 유능하고 똑똑한 머리를 가지고는 아무것도 할 수 없었습니다. 수많은 사람들을 만나 보았지만 저의 어려움을 해결해 줄 사람은 아무도 없었습니다.

그동안 아내를 좇아 주일예배는 드렸지만 '구원'에 대해서 전혀 이해가 되지 않았습니다. 목사님의 설교를 비판하고 남들에게는 여전히 예수 믿는 사람을 욕했습니다. 그러나 아내의 간절한 부탁으로 목장 예배에 참여하면서부터 저의 변화가 시작됐습니다. 누구 얘기도 듣기 싫고 제 이야기도 하기 싫어하던 제가 예배나 목장 나눔에서 욕을 먹어도 마음이 편했습니다. '죄를 이실직고하고 매도 빨리 맞는 것이 편하다'는 생각이 들었습니다. 그러면서 점차 많은 중독과 집착을 끊게 되었습니다.

회사는 아직도 많이 힘듭니다. 매일 자금을 막으러 다니고, 빚 독촉을 막으며 영업을 하고 중국 현지 공장을 수시로 관리해야 해서 일이 벅차 포기하고 싶을 때도 많습니다. 사업이 너무 어렵다 보니 방주의 문을 열고 밖에 있는 물을 마시고 홍수 속에도 물고기와 같이 살아남는 사람이 되고 싶은 생각이 듭니다. 하지만 열심히 말씀 묵상하고 기도만 열심히 드리려고 합니다. 어떤 결과가 오든 결국은 그것이 하나님의 심판이자 사랑임을 알고 항상 감사하는 마음을 가지고자 합니다.

세상적으로 가장 좋았던 시절이 사실은 구원에서 가장 멀어졌던 시기이고, 결국 그것 때문에 세상적으로 가장 어려워졌으나 구원에는 가장 가까워지고 있다는 '역설'이 바로 하나님의 심판과 사랑이라고 믿습니다.

기도

하나님 아버지, 방주에 들어가기를 간절히 원하지만, 아직도 온전한 방주 신앙이 못 되어서 홍수가 올까 날마다 두렵습니다. 하늘의 창이 열렸습니다. 깊은 샘이 터졌습니다. 그래서 죽게 되어서 빠져 나갈 구멍이 없습니다. 이 환경에서 회개할 생각은 않고 하늘의 창이 닫히길 원하는 저를 불쌍히 여겨 주시옵소서.

120년 간 수치와 조롱 가운데 되는 것 없이 당하기만 했어도 예수님을 놓지 않았기에 노아의 자녀들이 다 방주에 들어간 것을 봅니다. 바라는 것을 실상으로 놓고, 보지 못하는 것을 증거하면서 갈 때 내 자녀들이 방주에 들어갈 것을 믿습니다. 내가 어떤 질그릇이라도, 어떤 쓰레기 같은 삶을 산다 할지라도 주님을 놓지 않고 끝까지 내 속에 보배이신 예수님이 보이는 인생을 살게 하옵소서.

물심판도 불심판도 온전한 심판이 아니라 하십니다. 오직 예수님의 보혈을 믿음으로 내 예전 것들이 죽기를 소원합니다. 죽으라고 온 심판에 죽기를 원합니다. 온 천하보다 귀한 구원의 방주로 내 부끄러운 것을 드러내고 떠다니며 구원을 보이기 원합니다. 주님만 왕노릇 하시기 원합니다. 나와의 싸움을 잘 싸우며 겸손하게 하옵소서. 홍수 심판 가운데다 구원받는 우리들이 되도록 역사하여 주시옵소서. 예수님의 이름으로 기도합니다. 아멘.

part
2

사람의 끝,
하나님의
시작

chapter 5

나를 구원의 방주에 들이시고,
점점 물을 줄여 주시는 하나님.
나를 기억하시는
하나님을 만나게 하옵소서.

하나님이
기억하신다

아이들에게 지옥이 뭐냐고 물었더니 '사방에 엄마가 있는 것이 지옥'
이라고 했다는 말을 나눔에서 읽었습니다. 어떤 청년이 엄마 잔소리가
듣기 싫어 가출을 했다가 들어왔다는 이야기도 들었습니다. 이 엄마는
앉으나 서나 교회, 큐티, 목장 이야기만 하는데 그런 반응을 보였다고
합니다.

노아 시대에 노아가 얼마나 잔소리쟁이로 보였을까요. 하나님도 끊임
없이 이 백성을 향해서 심판을 경고하시고 드디어 홍수로 다 쓸어버리
셨습니다. 하나님 마음이 너무 아프십니다. 그래서 이제는 '호호' 불어주
시는 때가 왔습니다. "아프지, 아프지, 그만 뚝 그치고 나와라" 하십니다.

하나님은 어떻게 기억하시는가

점점 물이 줄어들게 하신다

> 하나님이 노아와 그와 함께 방주에 있는 모든 들짐승과 가축을 기억하사 하나님이 바람을 땅 위에 불게 하시매 물이 줄어들었고(창 8:1)

하나님이 우리를 기억하십니다. 홍수로 쓸어버리셔도 하나님께는 우리가 사랑의 대상입니다. 하나님은 천하보다 우리를 귀하게 여기십니다.

기억하신다는 것은 구원하신다는 뜻이 있습니다. 하나님은 우리를 구원의 대상으로 택하셨습니다. 아담의 후손이 쓸어버림을 당합니다. 믿는 사람 중에서도 쓸어버림을 당하는데, 내가 무엇이기에 하나님께서 나를 기억하십니까.

방주 안에 들어갔지만 환경이 형편없습니다. 하나님께서 나를 잊으셨나 상심합니다. 그러나 하나님은 진노 중에도 긍휼을 잊지 않으시고 거룩한 씨를 보존하십니다. 내가 잘나서 보존하는 것이 아니라 하나님께 택함 받았기 때문에 보존하십니다. 수많은 사람이 구원을 받지 못했습니다. 잘난 사람들이 방주에 못 들어가지만, 노아 공동체에 있기에 구원을 받습니다.

그런데 구원받고 나서도 150일 동안 물이 넘치니까 "구원받은 거 맞아? 예수 믿은 거 맞아? 예수 믿었어도 되는 게 없잖아"합니다. 처음엔 홍수가 밀려와서 다 죽어 가는데 내가 구원받으니까 얼마나 기쁩니까. 예수 믿고 구원받은 첫사랑으로 펄펄 뛰고 너무 기뻐합니다. 그런데 조금 지나고 나니 방주가 너무 갑갑합니다. 그래서 "차라리 나를 죽이지 그랬냐. 실컷 시집가고 장가가고 먹고 마시다가 콱 죽어버린다"고 합니다. 음식도 조절하라고 하면 "그까짓 것 오래 살아 뭐하냐. 먹고 싶은 것 마음대로 먹고 콱 죽어버린다"고 합니다. 그러나 하나님은 그 가운데 우리를 기억하십니다. 어떻게 기억하실까요.

> [1] 하나님이 노아와 그와 함께 방주에 있는 모든 들짐승과 가축을 기억하사 하나님이 바람을 땅 위에 불게 하시매 물이 줄어들었고 [2] 깊음의 샘과 하늘의 창문이 닫히고 하늘에서 비가 그치매 [3] 물이 땅에서 물러가고 점점 물러가서 백오십 일 후에 줄어들고 [4] 일곱째 달 곧 그 달 열이렛날에 방주가 아라랏 산에 머물렀으며 [5] 물이 점점 줄어들어 열째 달 곧 그 달 초하룻날에 산들의 봉우리가 보였더라 (창 8:1-5)

1절에 물이 줄어들고, 2절에 비가 그치고, 3절에 물이 점점 물러가고, 150일 후에 줄어들고, 4절에 방주가 아라랏 산에 머물고, 5절에 물이 점점 줄어들어 산봉우리가 보였다고 합니다. 줄어들고, 그치고, 점점 물러가고, 줄어들고, 방주가 머물고, 산봉우리가 보입니다.

여기에서 뭐가 보입니까? '점점'이 보이십니까?

한 번 구원이 영원하지만 점점 이루어 가는 구원이 있습니다. 힘들고 아파서 예수님을 영접하고 구원받았지만, 150일 걸려서 이루어 가는 구원이 있습니다. 내가 예수 믿어서 '짠' 하고 회복되는 걸 보여 주고 싶은데 150일을 기다려야 합니다. 하나님은 우리를 기억하시되 점점 줄여 주십니다. 그래서 우리는 잘 기다리기만 하면 됩니다.

우리는 하나님이 바람으로 물을 말리리라고는 생각을 못합니다. 바람으로 온 세계 물이 어떻게 줄어들겠습니까? 물층이 깨지기 전에, 홍수가 지기 전에는 가만 계시다가 물이 멈추고 가득했을 때 150일 됐다 싶으니까, 징계와 고난이 이 정도면 됐다 하니까 생각지도 못한 바람이라는 방법으로 물을 줄게 하십니다.

하나님은 노아와 이 세상에 대해 계획이 있으십니다. 무슨 계획입니까? 방주 안에 있을 때 우리가 할 수 있는 건 아무것도 없다는 걸 깨달으라는 것입니다. 인간이 할 수 있는 게 아무것도 없다는 것입니다.

성경 전체가 예수님 이야기입니다. 내 죄를 위해서 예수님이 죽어 주신 이야기입니다. 구약은 오실 예수님에 대한 이야기이고, 신약은 오신 예수님에 대한 이야기인데 죄 문제를 언급하지 않고는 성경이 읽어지지 않습니다. 창세기에서 선악과 사건 이후 죄가 들어왔습니다. 죄가 얼마나 끔찍한지 창세기부터 요한계시록까지 죄 이야기를 해도 인간이 못 알아듣습니다. 내 죄를 해결하기 위해서 예수님이 십자가에서 돌아가셨습니다. 그런데 우리는 죄 이야기는 하지 않고 만날 잘되는 이야기만 합니다. '믿는 자에게 능치 못할 게 무엇인가, 기도만 하면 다 된다'

는 것은 진정한 복음이 아니라 반쪽짜리 복음입니다.

◇◇◇◇◇ 매일 말씀을 묵상했더니 점점 죽어도 안 변할 것 같은 내가 변하고, 내 가족이 변하는 것을 경험합니까. 생각지도 못한 방법으로 나를 돌보시는 하나님의 역사를 믿고 기대합니까.

고통의 근원을 그치게 하신다

깊음의 샘과 하늘의 창문이 닫히고 하늘에서 비가 그치매(창 8:2)

홍수가 쏟아질 때는 "하늘의 창을 닫아 주세요. 깊음의 샘을 막아 주세요."하며 부르짖고 외쳐도 안 막히던 하늘의 창이 하나님이 기억하시니까 막아졌습니다. 방주에서 가만히 있다 보니까 막아 주시는 날이 왔습니다. 고통의 근원이 그치게 해 주셨습니다. 비가 그쳤습니다.

고통은 절대치여서 다른 사람이 나에게 주는 것보다 더 힘든 것이 내 속의 고통입니다. 별것 아닌 것 같아도 그 고난으로 괴로운 사람들이 있습니다.

시어머니가 목자이고 시아버지가 부목자이고 시누이도 부목자인 집안이 있습니다. 그런데 그 집 며느리에게 고난이 있으니 바로 초콜릿 고난입니다.

어느 날 시댁에 갔는데 시어머니가 다섯 살 손녀에게 "개 밥 안 먹으니까 초콜릿 많이 먹이지 말라"고 하더랍니다. 그 말에 며느리가 "얘 초콜릿 많이 안 먹어요. 밥 잘 먹어요." 하고 대답했습니다. 한 번 그렇게 말하고도 마음이 불편해서 "얘 초콜릿 많이 안 먹어요. 밥 잘 먹는다니까요." 하고 네 번을 말했다고 합니다.

그래서 이 며느리는 그냥 한 번 "네" 하면 될 걸 네 번이나 이야기했다고, 만날 그걸 회개하는 겁니다. 이분에게는 그 초콜릿 사건이 시댁 식구와의 최고의 갈등이었습니다.

그것도 고난이냐고 무시하면 안 됩니다. 시댁 식구와 같이 교회를 다니는 것이 쉬운 일은 아닙니다. 시어머니와 며느리가 같이 교회를 다녀도 목장에서 서로 흉도 보고 편하게 나눌 수 있어야 된다고 생각합니다. 제가 시집살이하면서 5년 동안 같이 교회를 다녔는데 누구하고도 말을 못하고 봉사도 못하고 아는 사람이 한 명도 없었습니다. 서로 눈치 보고 속 이야기를 못하면 신앙생활이 되겠습니까. 시어머니도 며느리도 말씀으로 양육을 받고 있으니, 서로 흉도 보고 갈등도 하다가 결론적으로 각자 스스로의 죄만 회개하면 됩니다.

고난은 각자 절대치의 것입니다. 누구 고난이 더 큰가, 더 아픈가 비교할 수 없습니다. 믿음의 분량대로 고통이 오기 때문에 그까짓 것도 고난이냐고 말할 수 없습니다.

우리의 마지막 원수는 내 육신입니다. 배우자도 시댁도 돈도 아니고 내 육신입니다. 내가 고통 가운데서 하늘의 창을 막아 달라고, 비가 안

오게 해달라고 부르짖어서는 고통이 그치지 않습니다. 방주 안에서 세상의 소리 안 듣고 안 보고, 문빗장 지르고, 죽어지고 썩어지는 밀알이 되고 있으면 못 나가도 아무렇지 않습니다. 돈을 안 줘도 아무렇지 않습니다. 방주 밖에 물이 넘치고 돈도 시간도 다 범람하지만 내 것으로 안 보이니 상관이 없어집니다. 내 육신의 원수, 육신의 소욕이 그치면 밖에서 아무리 비가 쏟아져도 나는 안 맞습니다. 그렇게 고통의 근원이 그치는 것입니다.

내 육신이 고달프고 나를 무시한다고 피를 철철 흘리면서 이를 갈고 있으면 고통의 근원이 그치지 않습니다. 그래서 최고의 복수는 용서하는 것이고 잊어버리는 것입니다. 나의 생색과 자존심을 다 내려놓고 환경 자체에서 평강을 누려야 합니다. 어떤 힘든 환경에서도 평강을 빼앗기지 않고 있으면 고통이 고통으로 여겨지지 않습니다.

저도 결혼생활에서 자유해지는 것을 상상도 못했습니다. 그렇다고 "남편이 나를 자유롭게 외출하도록 해주시고, 돈도 주게 하시고, 소리도 안 지르게 하시고…" 이렇게 기도해서는 아무것도 안 변합니다. 하나님의 방법은 우리의 생각과는 전혀 다릅니다. 점점, 점점 고통이 물러가서 그 고통 가운데서 하나님께서 사역을 시키심으로 저의 고통을 줄여 주셨습니다.

남편이 하늘로 돌아가기 일 년쯤 전에 유명한 교회에서 간증을 하게 됐습니다. 당시 예고 강사였던 제가 늘 전도를 하니까 학부형 한 분이 그 교회에 와서 간증을 해달라고 했습니다.

남편이 살아있을 때이니 병원장 사모님에, 음대 교수에, 예고 강사에, 30대의 젊음으로 남들이 부러워할 조건을 갖추고 있었습니다. 그렇게 모든 것을 가진 듯한 제가 걸레질하고, 무시당하고, 돈을 못 쓰는 간증을 하니 사람들에게는 충격이었을 것입니다. 하지만 그때 이미 제 인생의 목적이 남편의 구원이었기 때문에 저에게는 부끄러움이 없었습니다. 평소 학부형들을 전도하면서 남편 구원을 위해 내 생명을 내어놓고 기도한다고 했는데, 많은 사람들 앞이라고 자존심과 체면을 챙긴다면 너무 위선적인 것 아닙니까.

하루아침에 되는 것은 없습니다. 제가 남편이 가고 나서 갑자기 사역을 하게 된 것이 아닙니다. 남편이 살아있을 때도 이미 전도하고 간증하고, 만나는 사람마다 복음을 전했습니다. 하나님께서 그때 제가 선포하고 헌신한 것을 기억하시고 저에게 사명을 맡기셨다고 생각합니다.

기억하시는 하나님께서 오늘 내가 고통 속에서 수고하는 것을 아십니다. 갑자기 되는 것은 없습니다. 한 사람을 위해 충성하고 목숨까지 내어놓았을 때 하나님께서 세팅을 하셔서 저의 모든 환경이 사명으로 이어지게 하셨습니다. 의사 남편 한 사람도 무서워하던 제가 지금은 수십 명의 의사, 박사들 앞에서 말씀을 전하고 있습니다.

고통의 근원은 하루아침에 마르지 않습니다. 힘들고 아픈 내 환경에서 복음을 전하고 구원을 위해 헌신하면 하나님께서 나에게 사명을 주십니다. 환경이 안 변해도 내가 전한 복음으로 전도가 되고 열매가 나타나면 저절로 고통이 그치게 됩니다. 거센 빗줄기가 무섭게 두들겨 대도 더 이상은 고통스럽지 않게 됩니다. 이제는 방주 안의 안식을 누리게 됩니다.

◇◇◇◇◇　내 고통이 그치기만을 부르짖고 있습니까. 고통 속에서도 하나님만 바라보고, 하나님을 증거하게 해달라고 기도할 때 저절로 고통의 근원이 그칠 것을 믿습니까.

우리에게 안식을 주신다

> ³물이 땅에서 물러가고 점점 물러가서 백오십 일 후에 줄어들고 ⁴일곱째 달 곧 그 달 열이렛날에 방주가 아라랏 산에 머물렀으며(창 8:3-4)

방주가 아라랏 산에 머물렀습니다. 아라랏 산은 '후손의 산'이라는 뜻이고 머물렀다는 것은 '휴식'이라는 뜻입니다. 고통 속에서도 순종하고 있었더니 후손의 산에 머물게 됩니다. 나의 고통은 영적 후손을 낳기 위한 것이고, 거기에 안식이 있습니다. 환경이 좋아져서가 아니라 내가 전도하니까 안식이 됩니다.

비가 그쳤다고 금세 모든 것이 끝난 것처럼 세상에 나오면 다 죽습니다. 안식하려면 150일이 더 걸립니다. 기다려야 합니다. 우리 인생은 기다림입니다. 하나님의 열심보다 내 열심이 앞서가면 다 죽습니다. 기다리고 기다려서 안식해야 합니다.

150일 동안 홍수가 넘칠 때 죽음을 생각하고 끝이라고 생각하게 됩니다. 그래서 이혼하고, 자살하고, 도피하고, 이단에 가고, 막가파로 살게 됩니다. 저도 시집살이 고통이 넘칠 때 그러고 싶었습니다. 이혼도 하고 싶었고, 자살도 하고 싶었고, 미국으로 혼자 가고 싶었습니다. 여러분이 150일 동안 기다릴 때 얼마나 힘든지 그 마음을 저도 진하게 겪었습니다.

제가 왜 남편 이야기를 하겠습니까? 제 남편이 바람을 피웠습니까, 돈을 못 벌었습니까, 천국에 못 갔습니까? 남편을 멋진 자리에 올려놓고 남편이 이렇게 잘해 줘서 지금 제가 사역한다고 자랑하면 어디가 덧납니까? 제가 이 이야기를 해서 덕 보는 게 무엇입니까?

그러나 저는 아무것도 감추고 싶지 않았습니다. 남편도 저도 죄인이기 때문입니다. 모두가 죄인이고 별 인생이 없기 때문입니다. 내가 잘나서 산 것이 아니고 하나님께서 나와 함께하셨기 때문에 홍수가 넘치는 무서운 시기를 지나게 하셨습니다.

이혼 조정의 달인이라고 불리는 손왕석 가정 법원 판사가 그랬습니다. 아무리 남편이 때리고 바람을 피우고 난리를 쳐도 경제적인 능력이 있으면 여자들이 절대로 이혼을 안 한다는 것입니다. 이혼을 하는 건 결국 경제적인 문제 때문이라고 합니다.

제가 신앙이 좋아서 이혼을 안 한 줄 알았더니, 남편이 부자니까 이혼을 안 한 것이었습니다. 저에게 선한 것이 하나도 없습니다. 믿음으로 합리화시키고 나는 선해서 이혼을 안했다고 숨고 싶지만, 말씀을 보면

볼수록 저의 실체가 드러납니다. 남편이 돈 한 푼 없이 도박이나 했으면 제가 살았을까요? 하나님이 택하셨으니 이혼 안하고 살았을지 모르지만 자신이 없습니다. 하나님의 은혜로 하나님의 명령을 준행할 수 있었던 것이지 정말 저는 바람에 휘날리는 갈대 같았습니다. 돈 때문에 살았을지라도 그 환경에서 곤고함을 느끼게 하시고, 그래서 하나님을 찾게 하신 것이 은혜 중에 은혜입니다.

그런데 하나님이 저 편하라고 물을 줄여 주십니까? 저 혼자 자유롭게 다니라고 남편을 데려가셨는가 말입니다. 힘든 남편하고 살 때가 저에게 안식이었습니다. 하나님을 바라볼 수밖에 없었기 때문입니다. 지금은 바라볼 게 많습니다. 편한 육신이 가장 원수입니다.

여러분이 이혼을 생각하는 것은 아직 하나님 나라 가치관을 모르기 때문입니다. 제가 힘든 남편하고도 살아보고 남편 없이도 살아봤습니다. 남편하고 살 때는 딴 생각할 겨를이 없었습니다. 그래서 딴 짓을 할 수가 없었습니다. 환경에 꽁꽁 갇혀서 어쩔 수 없이 하나님만 바라보는 것이 얼마나 축복인지 모릅니다.

힘든 남편하고 헤어지는 것이 안식이 아니고, 없던 돈 생기는 것이 안식이 아닙니다. 안식은 십자가 외에는 없습니다. 진정한 안식은 구별된 가치관으로 사는 것입니다. 돈이 있으면 잠시 안락하겠지만, 안식은 잠시가 아니라 어제, 오늘, 내일 누려야 하는 것입니다. 심판을 잘 받아야 안식이 있습니다. 세상과는 구별된 가치관으로 심판 중에도 복음을 전하고 영적 후손을 낳는 것이 우리의 안식입니다.

◇◇◇◇◇   고난이 그치고 내가 머무른 곳은 어디입니까. 이제 살 만하다고 쾌락에 머물고 쇼핑에 머물고 있습니까. 무엇을 할 줄 몰라서 널브러져 있습니까. 고난의 간증으로 복음을 전하고 다른 힘든 사람을 도우며 영적 후손을 낳고 있습니까.

십자가에서 안식하고 있으면 내 정체성이 보인다

> 물이 점점 줄어들어 열째 달 곧 그 달 초하룻날에 산들의 봉우리가 보였더라(창 8:5)

내가 십자가에서 안식하고 있으면, 물로 다 덮였고 죽은 것 같은 천하 높은 산들의 봉우리가 어느 날 보이기 시작합니다.

쓸어버림을 당한 후에 진짜 봉우리가 보입니다. 홍수에 천하의 높은 산이 다 덮였는데 다시 봉우리가 보이기 시작했습니다. 천하의 김양재가 걸레질하면서 다 죽었는데 방주에서 잘 있었더니 어느 날 봉우리가 보이기 시작했습니다. 갑자기 내 할 일이 보이기 시작했습니다. 통찰력이 생기기 시작했습니다. 주 안에서 내 정체성이 보이기 시작했습니다. 나는 함부로 살아서는 안 될 인생이라고 생각했습니다. 걸레질을 하면서도 전도할 수 있는 인생이고, 병원에서도 시장에서도 전도할 수 있는 인생임이 보이기 시작했습니다.

이것이 너무나 중요한 자기 발견입니다. 내가 너무 형편없고, 나 같은 바보가 어디 있는가 생각하다가 주님을 부르기 시작하니까 나의 봉우리, 나의 사명이 보이는 것입니다.

내가 할 일, 사명이 있다

하나님의 사랑을 깨닫고 나면 나에게 사명이 있음을 발견합니다. 내가 할 일이 있습니다. 사명을 감당할 때 우리는 때와 사람을 분별해야 합니다.

> ⁶사십 일을 지나서 노아가 그 방주에 낸 창문을 열고 ⁷까마귀를 내놓으매 까마귀가 물이 땅에서 마르기까지 날아 왕래하였더라 (창 8:6-7)

먼저 때를 분별해야 합니다.

하나님께서 물이 걷힐 때를 숨기셨습니다. 방주를 짓고서는 7일 후에 홍수가 온다고 가르쳐 주셨는데 회복의 때는 숨기셨습니다. 그 이유는 숨기시는 것이 믿음과 인내에 도움이 되기 때문입니다. 믿음의 훈련을 시키시는 것입니다.

사람의 나이가 70-80세면 곧 하늘로 갑니다. 90세면 오래 산다고 할 수 있습니다. 그런데 만일 내가 2028년 9월 28일에 죽는다고 하면 오래 살아도 나는 기분이 나쁩니다. 그래서 내 종말의 날은 안 알려 주십니다.

그러나 우리는 평범한 방법으로도 종말의 날을 알 수 있습니다. 그것은 '네가 찾으라'는 것입니다. 특별한 계시가 없어도 우리가 알 수 있다는 것입니다.

둘째, 사람을 분별해야 합니다.

분별은 불신앙이 아닙니다. 노아가 바깥사정을 알기 위해서 모세가 정탐꾼 보내듯이 까마귀와 비둘기를 내보냈습니다. 까마귀를 내보냈더니 날아 왕래하며 돌아오지 않았습니다. 까마귀는 부정한 새입니다. 물이 안 말랐어도 썩은 고기가 둥둥 떠다니니까 그 썩은 고기 먹느라고 안 돌아옵니다. 방주 안의 은혜는 다 잊어버리고 자기 소견에 옳은 대로 세상을 사랑해서 가버렸습니다.

구원받아 방주 안에 있을 때는 너무나 감사했을 것인데 까마귀는 사명을 감당하지 못했습니다. 부정한 짐승으로서 정한 짐승 훈련만 시키고 몽둥이 역할만 하고 끝났습니다.

우리 주변에도 몽둥이 역할만 하다가 끝날 사람이 있습니다. 아무리 기도해도 하나님이 역사해 주셔야 합니다. 세상에서 내게 맡겨 주신 영혼을 끝까지 사랑하는 것밖에 내가 할 일이 없습니다. 예수님의 열두 제자 중에도 가룟 유다가 있었듯이 우리 중에도 그런 사람이 있습니다. 방주까지 들어가서 세상으로 가는 까마귀가 있습니다.

⁸그가 또 비둘기를 내놓아 지면에서 물이 줄어들었는지를 알고자 하

매 [9] 온 지면에 물이 있으므로 비둘기가 발 붙일 곳을 찾지 못하고 방주로 돌아와 그에게로 오는지라 그가 손을 내밀어 방주 안 자기에게로 받아들이고 (창 8:8-9)

나가봤더니 비둘기는 거할 곳이 없습니다. 비둘기는 시체를 안 먹습니다. 물이 조금이라도 있으면 거하지 못합니다. 넓은 세상에 나갔지만 좁디 좁은 방주로 다시 돌아왔습니다. "노아님, 아직은 세상이 살 곳이 못 돼요." 하고 돌아왔습니다.

우리가 예수 믿고 방주 속에서 훈련 받고 나면 빛과 소금이 되는 세상으로 나가야 합니다. 그런데 때가 되기 전에는 나가면 안 됩니다. 때가 안 된 사람은 나가서 까마귀처럼 세상과 연합하게 됩니다. "세상을 변화시켜야 돼!"라고 하면서 세상 사람과 같이 놀고먹습니다. 세상의 모임은 다 죽은 사람들의 모임입니다. 시체들의 모임입니다. 거기에서 뭔가 뜯어먹겠다고 세상 모임에 기웃거리는 것이 까마귀 같은 인생입니다.

노아는 돌아온 비둘기를 손을 내밀어 받아줬습니다.

또 칠 일을 기다려 다시 비둘기를 방주에서 내놓으매 (창 8:10)

노아가 하루하루 기다리기가 힘이 듭니다. 비가 막 오는 고통 속에서는 기다리기 쉬운데 비가 멈추고 나니 기다리기가 힘이 듭니다. 그래서 아주 괴로워하며 초조하게 기다렸다는 뜻입니다. 고난에서 해방이 된 것 같은데 되는 일이 없습니다. 양육을 받았는데 되는 일이 없는 겁니다.

> 저녁때에 비둘기가 그에게로 돌아왔는데 그 입에 감람나무 새 잎사귀
> 가 있는지라 이에 노아가 땅에 물이 줄어든 줄을 알았으며(창 8:11)

저녁때, 소망이 없어진 것 같을 때 비둘기가 왔는데 입에 감람나무 새 잎사귀가 있습니다. 물에 떨어진 잎사귀가 아니라 새로 난 잎사귀입니다. 신선한 잎사귀를 물고 왔기 때문에 저지대의 물이 줄어든 것을 알 수 있었습니다.

비둘기가 복음의 기쁜 소식을 가지고 왔습니다. 까마귀는 진노의 물이 줄어든 소식을 안 가져왔는데 비둘기가 감람나무 새 잎사귀, 복음의 기쁜 소식을 가져왔습니다.

> 또 칠 일을 기다려 비둘기를 내놓으매 다시는 그에게로 돌아오지 아
> 니하였더라(창 8:12)

그래도 또 7일을 기다렸습니다.

똑같은 기다림이지만 이번에는 희망 중에 바라고 앙망하면서 기다렸습니다. 원어의 뜻이 다릅니다. 처음에는 괴로워하면서 기다렸습니다.

이 땅에 의인이 없기 때문에 노아가 완전한 자라고 해도 괴로워하면서 기다리다가 이제는 희망 중에 기다립니다.

7일이 두 번 지나고 마른 땅이 되니까 비둘기가 나가서 정착했습니다. 이런 사람은 나가도 노아하고 연합이 됩니다. 자기가 나가고 싶어서 나간 것이 아니라 사명 때문에 나갔기 때문입니다.

죽을 것 같은 환경에 있을 때는 비둘기나 까마귀나 다 잘 있는 것 같은데, 물이 줄어드니 본성이 드러납니다. 까마귀가 세상에 나가 보니까 거기에 먹을 것이 많아 욕심이 났습니다. 큐티하고 양육도 받고 말씀을 깨닫는 것 같았는데 그것으로 다른 사람 가르치겠다고, 사역을 가장한 야망으로 공동체를 떠납니다. 그러나 전도는 세상 야망과 다르기 때문에 까마귀 같은 사람에게는 열매가 없습니다. 열심히 돌아다녀도 까마귀가 좇는 것은 죽음일 뿐입니다.

비둘기 같은 사람은 하나님의 때를 기다리는 사람입니다. 당장 열매가 보이고 잎이 보여도 함부로 나서지 않고 공동체에 잘 매여 있는 사람입니다. 이렇게 때를 분별하고 사람을 분별하며 훈련을 잘 거치는 사람이 비둘기 같은 복음의 일꾼이 됩니다.

내 형편을 다 아시는 주님께 모든 것을 맡기고 사명 감당하며 나갈 때 하나님께서 모든 길을 지켜 주십니다.

◇◇◇◇◇ 돈, 건강, 사람 모든 것을 쓸어버리는 홍수를 만났습니까.
차라리 죽는 게 나을 것 같아서 자살을 생각하고 이혼을 생각합니까.

방주에 오르고도 결국에는 사망을 좇아가는 까마귀가 되려 합니까.
힘들어도 살아만 있으면 하나님께서 나에게 맡기시는 사명이
있습니다. 말씀으로 때와 사람을 분별하며 구원의 기쁜 소식을
전하는 비둘기가 되기로 결단하십시오.

말씀으로 기도하기

홍수 심판 당시 하나님은 우리를 사랑하시기에 노아를 통해 끊임없이 경고하셨습니다. 그래도 듣지 않으니 결국 심판하시지만 하나님의 마음이 아프십니다. 하나님은 심판 중에도 나를 기억하시며 구원하십니다.

하나님이 노아와 방주 안의 짐승들을 기억하십니다.(창세기 8:1-5)

하나님은 비가 그치자 물이 '점점' 줄어들게 하십니다. 물이 줄어들기까지 150일을 기다리고 인내하며, 내 힘으로 아무 것도 할 수 없음을 깨닫게 하소서. 그러면 생각지도 못한 바람을 사용하셔서 물이 마르고, 그치지 않을 것 같던 고통의 비도 그치는 것을 믿습니다. 나의 고통이 그치기 위해서 내 육신의 소욕이 그치기 원합니다. 힘든 환경에서도 영적 후손을 뜻하는 아라랏 산에 머무르며 안식을 누리게 하소서.

하나님의 은혜를 알았다면 내가 할 일이 있습니다.(창세기 8:6-12)

홍수의 때는 미리 알려 주셨는데 믿음의 훈련을 위해 회복의 때는 숨기십니다. 노아가 까마귀를 내어놓고 기다리고, 비둘기를 내어놓고 기다리고, 초조함과 희망 중에 기다림을 반복한 것처럼 하나님의 때를 잘 기다리기 원합니다. 고난의 비가 그쳤다고 금세 뛰쳐나가지 말고 때를 잘 분별하는 인내와 지혜를 주옵소서. 썩은 시체를 좇아 돌아오지 않은 까마귀가 되지 않게 하시고, 세상에 접촉할 곳이 없어 방주로 돌아온 비둘기처럼 회복의 기쁜 소식을 전하는 사명을 감당하게 하옵소서.

우리들 묵상과 적용

성탄절 선물을 받으려고 초등학교 때 몇 번 교회에 나간 것이 믿음생활의 전부이던 저는 결혼 조건으로 교회에 나갈 것을 원하는 아내 때문에 교회에 나가기 시작했습니다. 당시 저는 선데이 크리스천으로 구원이 뭔지도 몰랐고 설교 시간에는 졸기 일쑤였습니다. 그랬기에 예배 때마다 오픈하는 간증을 듣고 이단이라는 생각까지 가졌습니다. 아내에게 "짜고 치는 고스톱이니 정신차리라" 하면서 교회 집사님들을 경계했습니다. 그러다 참석한 부부목장에서 모든 목원들이 자신의 죄를 솔직하게 드러내는 것을 보고 이것이 참된 믿음생활이라는 생각을 하게되었습니다. 그러면서 모든 예배에 빠짐없이 참석하고 양육훈련을 받고, 저의 열등감이던 학벌과 아버지의 바람 사건을 오픈하게 되었습니다. 그럴 때 하나님은 수치가 아니라 평강을 주셨습니다.

그리고 저에게도 사건이 왔습니다. 직장에서 아랫사람들과의 관계는 원만하지만 윗 질서에 순종하지 못하는 저에게 징계가 내려진 것입니다. 그 정도의 일은 타 부서에서는 시말서와 계고로 끝날 일인데, 저의 의도와는 다르게 회사는 저를 파렴치한 사람으로 몰고 책임을 물었습니다. 저는 공동체와 목장에만 기도를 부탁하고 직장에서는 일절 내색하지 않고 변명도 하지 않은 채 조사에만 응했습니다. 예전 같으면 불같이 화를 내고 저항했을 텐데 내가 아무것도 할 수 없다는 것을 깨닫게 되자 평안해졌습니다.

"하나님은 제가 변명하지 않아도 주변 사람들을 통해 저를 변호하게 하셨고 중징계에서 경징계로 감해 주셨는데 솔직히 저는 그 징계도 억울해 잠을 이루지 못했습니다. 그러다 목사님께서 각자의 사건을 통해 자기 죄를 보아야 한다고 하신 말씀이 생각나 그동안 직장생활을 하면서 향응을 제공 받고도 아무런 죄책감을 느끼지 못하던 저의 죄를 보게 되었고, 이 사건을 '있어야 할 징계사건'으로 받아들였습니다. 저를 기억하신 하나님께서 징계를 점점 줄여 주셔서 억울하다는 마음도 없어졌고, 모든 징계도 풀어 주셨습니다.

얼마 전, 군복무 시절 무릎 수술을 했던 동생이 부상과 교통사고를 연달아 당하면서 수술에 재수술까지 한 일이 있었습니다. 소식을 들은 저는 동생의 사고를 이용해 경제적 이익을 챙기려는 생각이 가득했습니다. 장애 진단까지도 받을 수 있다는 주변의 말을 듣고 저 역시 어떻게 해서든 그 쪽으로 몰아가고픈 생각에 바로 병원 관계자를 찾아 상담

했습니다.

그런데 상담을 하는 그날 큐티 본문 말씀이 암논이 다말을 얻기 위해 간교한 요나답과 상담하여 죄를 짓는 것(삼하 13:1-6)이었는데 제가 바로 그 암논 같다는 생각이 들었습니다. 그동안 말씀을 나누는 공동체에 비둘기처럼 붙어 있었기에 보상금으로 한몫 챙기려던 저의 까마귀 같은 생각을 떨쳐버릴 수 있었습니다.

서울로 동생을 데려오면서 사건만 해결하려던 마음은 없어지고 동생과 함께 예배드리게 된 것이 동생에게 손 내미신 놀라운 은혜의 사건임을 알게 되었습니다. 오직 십자가 복음만 전하며 죄의 고백이 거룩임을 가르쳐 주신 목사님과 공동체 지체들에게 감사드리며 주님 안에서 사랑합니다.

◇◇◇◇
기도

하나님 아버지, 참으로 노아 홍수에서 구원해 주신 것만도 감사해야
하는데, 마음이 조급해져서 기다리지 못하고 날마다 하나님의 마음을
아프게 해드립니다. 그러나 오늘 그런 나를 하나님이 기억하신다고 합
니다. 날마다 불평만 하는 나를, 주님께서 기억하실 자격이 없는 나를
위해 점점 고통을 줄여 주시고, 고통의 근원을 그치게 하시고, 나를 안
식하게 하신다고 합니다. 그 말씀을 믿고 내가 하나님을 기억하면 하나
님도 나를 반드시 기억하실 줄 믿습니다. 이 땅에서 보이는 것 없어도
주님께서 나를 기억해 주심을 믿으며 내 형편없는 인생 가운데서 사명
을 감당하기 원합니다.

날마다 내가 까마귀인지 비둘기인지 자신도 분별이 안 될 때가 많지
만 썩을 양식을 위해 나가는 까마귀가 되지 않게 하옵소서. 아직도 세

상을 좋아해서 자기 소견에 옳은 대로 까마귀처럼 나가고 싶은 저를 불쌍히 여겨 주시옵소서. 내가 겸손하게 사람들에게 기쁜 소식을 가져다주는 비둘기처럼 살 수 있도록 은혜를 내려 주시옵소서. 하나님께서 기억하시는 인생이기에 하나님을 섬기기로 결단하는 고백을 하기 원합니다. 나의 생명을 주님께 드리고 주님께서 지켜 주시기를 고백할 때 하나님께서 기억하시고 사명을 감당하는 인생이 될 줄 믿습니다. 사명을 감당할 수 있도록 은혜를 내려 주시옵소서. 예수님의 이름으로 기도합니다. 아멘.

chapter 6

세상에서 사명을 잘 감당하려면
방주에서 나와야 한다고 하십니다.
어떻게 훈련 받고
잘 나와야 하는지 가르쳐 주옵소서.

방주에서
나오라

깜깜한 방주 생활이 얼마나 답답하겠습니까. 앞도 뒤도 안 보이는 것
같은 깜깜한 방주에서 언제 나오라고 하시는가가 우리 모두의 주제가
입니다. 세상에서 사명을 감당하려면 방주에서 나가야 되는데, 그러려
면 훈련을 잘 받아야 합니다.

하나님의 때까지 잘 기다려야 한다

¹³ 육백일 년 첫째 달 곧 그 달 초하룻날에 땅 위에서 물이 걷힌지라 노

아가 방주 뚜껑을 제치고 본즉 지면에서 물이 걷혔더니 ¹⁴둘째 달 스무 이렛날에 땅이 말랐더라 ¹⁵하나님이 노아에게 말씀하여 이르시되 ¹⁶너는 네 아내와 네 아들들과 네 며느리들과 함께 방주에서 나오고 ¹⁷너와 함께한 모든 혈육 있는 생물 곧 새와 가축과 땅에 기는 모든 것을 다 이끌어내라 이것들이 땅에서 생육하고 땅에서 번성하리라 하시매 ¹⁸노아가 그 아들들과 그의 아내와 그 며느리들과 함께 나왔고 ¹⁹땅 위의 동물 곧 모든 짐승과 모든 기는 것과 모든 새도 그 종류대로 방주에서 나왔더라(창 8:13-19)

정확한 때에 정확히 말씀하시는 하나님의 음성을 듣고 하나님의 때까지 기다려야 방주에서 나오라고 하십니다.

노아가 600세 2월 10일에 방주에 들어가라고 하셔서 들어갔습니다. 2월 17일에 홍수가 시작돼서 40일 후에 그치고, 150일 후에 방주가 아라랏 산에 머물고, 이때부터 다시 12월 17일까지 150일 동안 물이 줄어들었는데, 73일 지난 후에 10월 1일에 산봉우리가 보이고, 다시 40일 지나서 새들을 날려 보냈습니다. 그 이듬해 방주 뚜껑을 제치고 물이 걷힌 걸 봤는데, 또 기다려서 2월 27일에 땅이 마른 것을 보고도 또 하나님이 말씀하실 때까지 기다렸습니다. 전부 합쳐서 377일을 기다렸는데 모든 과정을 다 적어놨습니다.

성경에는 969세를 살아도 한 절에 기록하는 인생이 있는가 하면, 일 년의 일을 6장부터 9장까지 낱낱이 언급하는 구절도 있습니다. 구원 역사가 참으로 중요하고 방주에서의 한 시간, 한 시간이 우리 사명과 연결되고 약재료가 되기 때문입니다. 생육하고 번성하기 위해서, 사명 감당하기 위해서 방주에서 나오기까지 매일 순간순간이 중요한 것입니다.

동물도 다 종류대로 나왔습니다. 노아와 그 가족이 질서대로 나오고 동물도 질서대로 나옵니다. 구원에서 중요한 것이 질서입니다. 시급한 상황에서도 질서대로 들어가고 질서대로 나옵니다.

노아가 물이 걷힌 것을 봤습니다. 쓸어버림을 당한 후에 회복된 모습을 보면서 노아가 얼마나 감탄했겠습니까. 죽음 가운데서 회복된 것이니 얼마나 빨리 나오고 싶었겠습니까. 너무 감격해서 빨리 나가야지 했을 것입니다.

그런데 물이 마를 때까지 또 기다립니다. 이것이 놀라운 일입니다. 신앙은 기다림의 영성이라고 해도 과언이 아닙니다. 기다림이 지혜이고 과정이고 결론입니다.

노아는 물이 줄어들었다고 바로 나오지 않았습니다. 방주가 아라랏 산에서 머물렀다고 나오지 않았습니다. 후손의 산에서 영적 후손 키우는 사명을 깨달았지만 확실한 사인이 없어서 까마귀를 내보내고, 비둘기를 세 번이나 내보냈습니다. 비둘기가 안 돌아오고 나서야 방주에서 완전히 나오는 것도 아니고 뚜껑 조금 제치고 물이 걷히는 걸 내다봤습니다. 그리고 땅이 마르기까지 기다렸습니다. 이것이 기다림의 영성입니다. 주님과 친밀하지 않으면 이렇게 말씀으로 인도받으면서 기다릴 수 없습니다. 방주에서 나와서 사명을 감당하려면 노아처럼 심사숙고

하며 기다려야 합니다.

그렇게 잘 기다렸더니 하나님께서 노아에게 직접 말씀하시는 날이 와서 "노아야, 나오라"고 하십니다. 방주 지을 때도 말씀하시고, 들어갈 때도 말씀하시고, 나올 때도 직접 말씀하십니다. 하나님의 음성이 들리는 여기까지 기다려야 합니다. 무슨 일에도 내가 하나님의 생각에 굴복해야 하고 기쁘게 순종할 때까지 기다려야 합니다.

지난 세월 깜깜한 결혼의 방주 속에서 훈련을 받았습니다. 13년 방주에서 깜깜하게 살다가 남편이 갔으니 제가 자유의 몸이 됐습니다. 그러니 사명 감당하기 위해서 훨훨 날아다녀야 하지 않겠습니까? 누가 저의 일을 막겠습니까? 그래서 적용이 무서운 겁니다. 그런데 하나님이 나에게 유익 때문에 기다리라고 하시는 것이 있습니다. 전도와 사명을 빙자한 야망보다 나의 유익을 고려하시기 때문에 내 간구가 지체되어야 마땅한 것을 하나님이 아십니다. 내가 얼마나 기다려야 마땅한지를 하나님이 아십니다. 큐티를 하지 않으면 이런 자세한 인도함을 받을 수 없습니다. 이것을 어떻게 알겠습니까? 하루아침에 안 되고 늘 말씀을 묵상해야 합니다.

보통 사람 같으면 땅이 마르기 전에 나가고, 창문이 없고 길이 없으면 기어서라도 나갔을 것입니다. "저 거친 세상으로 나를 보내 주시옵소서" 하다가 까마귀처럼 썩은 고기 먹느라 안 돌아올 겁니다. 그러나 하나님께서 가장 좋은 때까지 기다리게 하시는 줄 알고 만족할 때, 방주에서 천국을 누릴 때 하나님께서 나에게 열매를 주십니다.

저도 나가지 않은 때가 있었습니다. 사역인과 전도인의 때보다 먼저 어머니의 때가 있었습니다. 아이들 키우는 사명이 있었습니다. 90년도 부터 코스타 강사로 가서 미국의 유명한 교회에서 집회도 하고, 곳곳에서 요청이 많았습니다. 오라고 하는데 안 가는 게 쉬운 일은 아니었습니다. 13년 결혼 생활하고, 10년 후 50세가 넘어 신학하고, 교회는 남편이 떠나고 15년 지나서 개척했습니다. 13년 혹독한 훈련을 받았는데 13년보다 더한 15년을 기다려서, 늦은 나이도 아니고 늙은 나이에 교회를 개척했습니다.

하나님의 인도하심이 아니라면 그렇게 기다릴 수 없었을 것입니다. 평신도로 다니다가 평범하게 가는 것이 제 인생의 길인 줄 알고 다른 생각을 안했습니다. 그런데 집사 직분으로 큐티 사역할 때보다 교회를 하면서 큐티 사역을 하는 것에 하나님께서 비교도 안 되게 기름을 부으십니다.

언젠가 중국 단동의 집회에 갔는데 비행기에서 내려서 세 시간 동안 차를 타고 갔습니다. 또 천진 코스타에 가느라고 새벽 6시에 출발해서 대련까지 비행기 타고, 또 차를 타고, 강의를 열 번도 더 했습니다. 30대 건강도 아닌데 하루 네다섯 번의 일정을 소화하기가 쉽지 않았습니다. 그래서 좀 젊을 때 다녔으면 쉽지 않았을까, 10년 전에도 혼자 몸이었으니까 마음만 먹으면 얼마든지 했겠지만 하나님의 사인이 없었기 때문에 어떤 일도 하지 않았습니다.

평신도 집사로 큐티 모임을 하다가 모이는 사람의 수가 많아지니 신학을 하라는 권유를 받았습니다. 저를 처음 세우신 목사님도 신학을 하는 것이 좋겠다고 하시고, 그래서 말씀이 훼방 받지 않기 위해서 어쩔수 없이 신학을 하고, 어쩔 수 없이 교회를 개척하게 되었습니다. 제가 야망 때문에 신학을 했으면 오늘날 저는 없었을 것입니다. 사람들에게 인정받는 게 좋아서 아이들 양육을 뒷전으로 미루고 오라는 데 다 갔으면 지금처럼 사명을 감당하지 못했을 겁니다. 그런데 큐티를 하니까 중요한 일과 급한 일 중에 중요한 일을 분별하게 하셨습니다. 간증하고 집회만 다니다가 말씀 묵상이 소홀해질 수도 있습니다. 큐티하라고 전하고 다니면서 정작 본인은 큐티를 안 하게 될 수 있습니다.

그런데 제가 아내의 때, 엄마의 때에 순종하면서 집에서 큐티만 하고 있으니 말씀 묵상이 깊어졌습니다. 죽자사자 큐티에 매달리고 성경에 매달렸더니 저절로 모임이 이루어지고 교회로 이어지게 하셨습니다. 사람의 인정보다 하나님의 인도가 너무나도 지엄했기 때문에, 하나님의 명령 듣는 것이 사는 길이었습니다.

노아가 죽을 것 같은 훈련을 받았기 때문에 신중해졌습니다. 기다리고, 기다리고, 또 기다리는 인생이 됐습니다. 노아가 얼마나 힘들었겠습니까? 생활고에 시달린 데다 500년 동안 아이도 없고, 안 그래도 조롱받다가 120년 동안 계속 심판 이야기만 했습니다. 잘되는 이야기는 안 하고 만날 홍수 심판 이야기하고 깜깜한 방주에 들어오라고 하니까 한명도 안 들어왔습니다. 그러니까 좁은 길이고 십자가의 길입니다.

돈 좋아하던 제가 피아노 레슨비 다 내려놓고, 20년 큐티 모임을 사례비도 안 받고 했습니다. 코스타 집회는 제 돈 들여서 복음 때문에 가는 것입니다. 제가 간증하면 이혼할 사람이 합치고 힘을 얻는 것을 보았기 때문입니다. 주님께서 일을 주셔서 사명 감당하다 천국에 가면 되지, 누가 알아주고 안 알아주고 상관이 없으니까 인도함을 잘 받은 것입니다. 마음을 비워야 인도를 잘 받습니다. 교계에서도, 학계에서도 다 정치를 한다고 하는데 영혼 구원 때문에 안타까우면, 죽을 것 같은 훈련을 받았기 때문에 기다리기가 쉬운 겁니다.

내가 하나님과 친밀한 사귐만 있으면 그 자리가 하나님께서 지금 원하시는 사역의 자리라는 것을 알게 됩니다. 우리 어머니가 화장실 청소만 하고 갔어도 거기가 사역의 자리였습니다. 이 내밀한 기쁨을 모르니까 나타나 보이는 것을 따집니다.

내가 지금 있는 자리가 사역의 자리입니다. 혼자 살고, 과부로 살고, 남편보다 훨씬 돈 못 벌어도 제가 바칠 마음이 있으니까 작가가 되었습니다. 인세를 건축헌금으로 다 드리니까 책도 잘 팔립니다. 그래서 더 드릴 게 많아집니다. 제가 그렇게 바치게 될지 누가 알았겠습니까. 생각지도 못했는데 드릴 것만 있고 줄 것만 있습니다. 그래서 열등감이 없습니다.

물 때문에 옴짝달싹 못하는 환경이라도 땅이 마르면 나가게 돼 있습니다. 끝까지 기다리십시오.

아무리 물이 걷힌 걸 눈으로 보고 확인했어도, 우리는 하나님의 최후 명령이 떨어질 때까지 기다려야 합니다. 하나님의 때를 알고 싶은 것이 우리 주제가입니다. 우리는 지금이 공부할 때인지, 취직할 때인지, 결혼할 때인지, 목회를 할 때인지 알고 싶어 합니다. 하나님은 우리가 가만히 있으면 알려 주십니다. 내 자리에서 최선을 다하고 있으면 하나님께서 알려 주십니다. 중심을 보시고 나가라고 하실 때가 옵니다.

결혼을 할 때도 눈에 보이는 것으로 분별하지 마십시오. 잘생기고 친절하고 젠틀하면 대부분 바람둥이로 보면 된다고 합니다. 어떤 상황이건 말씀으로 인도함을 받아야 합니다. 말씀으로 인도함을 받은 것은 하나님이 책임지십니다. 믿음은 바라는 것들을 실상으로 놓고 보이지 않는 것들을 증거하며 가는 것이기 때문에, 장래 일을 알게 하신 하나님의 명령을 들어야 합니다.

◇◇◇◇◇ 구원받았다고, 말씀이 깨달아졌다고 당장 뛰쳐나가서 간증을 하고 선교를 하겠다고 합니까. 마음대로 나가지 못하고 선교를 못해도 지금 주어진 자리에서 복음을 전하며 하나님의 인도를 기다립니까. 내가 방주를 지을 때인지, 방주로 들어갈 때인지 나와야 할 때인지 말씀을 묵상하며 적용해 보십시오.

> 노아가 여호와께 제단을 쌓고 모든 정결한 짐승과 모든 정결한 새 중
> 에서 제물을 취하여 번제로 제단에 드렸더니 (창 8:20)

노아가 배에서 나오자마자 예배를 드립니다. 모든 것을 하나님의 명
령대로 했는데 예배드리는 것은 노아 스스로 했습니다. 예배드리라고 하
지 않으셨지만 방주에서 나오니까 예배가 너무 그립고 즐거운 겁니다.

노아는 너무 고마워서 번제로 하나님께 연기를 올려 드렸습니다. 헌
신입니다. 피의 제사로 태워서 십자가를 지고 하나님께 헌신하겠다는
뜻입니다.

노아는 방주에서 나오자마자 없는 중에서 드렸습니다. 땅에 나와서
좀 번성된 다음에 하나님께 드릴 것이지, 씨가 멸종될 수 있는데 왜 드
리냐는 마음이 듭니까?

우리는 빚 갚고, 생활비 쓰고, 아이들 가르치느라 돈이 없어서 헌금
을 드릴 게 없다고 하는데, 그러면 인생이 그 수준을 벗어나지 못합니
다. 시험해 보십시오. 노아는 아무것이 없어도 하나님께 먼저 드렸습니
다. 노아의 신앙고백입니다. 계산하면 안 됩니다. 하나님이 다 주셨기에
내가 드릴 수 있는 것입니다. 건강, 재산, 재능 다 하나님이 주셔서 드리
는 것인데 내 것이 얼마고 이러면서 계산하면 안됩니다. 내가 죄인임을
뼈저리게 깨달으면 저절로 드리게 되어 있습니다.

인생의 모든 목적은 예배가 되어야 합니다. 만일 내가 고난이 끝난 후에 여행이나 다니고 목자도 내려놓고 쉬어야겠다고 하면 고난은 끝나지 않습니다. 그런 사람은 불안해서 하나님이 끝내 주실 수 없습니다. 내 인생의 목적과 기쁨이 예배밖에 없다고 할 때, 나의 고난도 그치고, 방주 안에서의 모든 것이 귀한 약재료가 되어서 다른 사람을 살리는 데 쓰일 것입니다.

◇◇◇◇◇　고난 중에는 예배를 너무 사모하고 공동체가 좋았는데, 환경이 편해지니 갈 곳도 많고 만날 사람도 많아졌습니까. 예배하고 전도하라고 주신 시간과 건강을 내 육신을 위해 쓰고 있습니까. 있어도 없어도, 건강해도 아파도 오직 하나님을 사모함으로 예배에 전념합니까.

긍휼의 은혜를 베풀기 위해 나오라고 하신다

하나님께서 노아의 예배를 받으셨습니다.

> [21] 여호와께서 그 향기를 받으시고 그 중심에 이르시되 내가 다시는 사
> 람으로 말미암아 땅을 저주하지 아니하리니 이는 사람의 마음이 계획

하는 바가 어려서부터 악함이라 내가 전에 행한 것같이 모든 생물을 다시 멸하지 아니하리니 ²²땅이 있을 동안에는 심음과 거둠과 추위와 더위와 여름과 겨울과 낮과 밤이 쉬지 아니하리라(창 8:21-22)

노아가 너무 기뻐서 예배를 잘 드렸습니다. 하나님이 그 예배를 기뻐하셨습니다. 그런데 예배를 잘 드리면 주시는 선물이 '인간이 어려서부터 악하다'는 것을 알게 하시는 것입니다. 이상하지 않습니까? 예배를 기쁘게 받으셨으면 다시는 저주하지 않으신다는 선물을 주셔야 되는데 말입니다. 그 다음에는 심음과 거둠과 추위와 더위를 주시겠다고 합니다. 문맥이 안 맞지 않습니까?

홍수 전에 하나님은 인간의 마음으로 생각하는 모든 계획이 항상 악할 뿐임을 아셨습니다(창 6:5). 그리고 홍수 후에도 사람의 마음이 계획하는 바가 어려서부터 악한 것을 아셨습니다(창 8:21). 아무리 홍수를 줘도 인간이 안 변한다는 것을 아신 것입니다. 죄악 중에 출생하고 죄를 가지고 이 땅에 오기 때문에 인간은 안 변합니다. 그래서 하나님이 마음을 바꾸기로 결정하셨습니다.

하나님은 이제 홍수는 주지 않겠다고 하십니다. 노아가 신실하게 예배를 드렸기 때문에 자연 생태계는 보존하겠다고 하십니다. 죄악 때문이라면 우리는 다 죽어 마땅한 존재입니다. 홍수가 몇 번이라도 더 와서 인류가 망했어야 하는데 그런 방법으로는 우리가 변하지 않는 것을 아셨습니다.

하나님이 마음을 바꾸셨듯이 나도 마음을 바꿔야 합니다. 남편이 바람 피워도 내가 마음을 바꿔야 합니다. 남편은 안 변합니다. 애들 때문에라도 내가 마음을 바꿔야 합니다.

사람이 어려서부터 악하다는 사실을 깨닫지 못하고는 자녀를 믿음으로 양육할 수가 없습니다. 또한 하나님을 만나지 못한 사람이 악할 수밖에 없음을 인정해야 합니다. 사람은 그래서 믿음의 대상이 아니고 사랑의 대상일 뿐임을 알게 하시는 것이 인간에게 주시는 최고의 선물입니다.

홍수로 멸하시진 않지만 추위와 더위와 심음과 거둠, 여름과 겨울과 낮과 밤이 쉬지 않으면서 옵니다. 그렇게 심판하심으로 땀 흘려 수고하며 여인의 후손을 기다리라고 하십니다. 여인의 후손을 기다리는 것을 축복으로 주셨습니다.

이것은 한 마디로 너희가 하도 안 변하니 내가 죽겠다고 하신 것입니다. 예수님이 이 땅에 오셔서 십자가에서 죽으셨습니다. 나는 사명을 감당할 수 없는데 주님이 나를 위해 죽으셨기 때문에 감당할 수 있습니다. 그러면 나도 따라서 죽기로 결정해야 합니다.

사명을 감당하려면 인간이 어려서부터 악한 것을 알아야 합니다. 누굴 기대하겠습니까? 배우자를 기대하겠습니까, 자녀를 기대하겠습니까? 그것을 방주 속에서 알게 됩니다. 힘든 상황 속에서 내가 하나님께 온전한 예배를 드리면 인간이 어려서부터 악한 존재임을 가르쳐 주십니다. 이것이 선물입니다.

목사이자 상담가인 데이비드 배너는 《사랑에 항복하다》라는 책에서 한 모녀의 이야기를 소개했습니다.

아만다는 열다섯 살 소녀인데 이미 세 번 자살을 기도하고 정도가 심해지고 있었습니다. 개 목걸이를 하고 머리부터 발끝까지 무시무시하게 치장하고 병원에 나타났습니다. 보통은 엄마와 상담하러 오는 애가 없었기에 호기심이 생겨 그 이유를 물어봤습니다. 이 아이가 "엄마는 내 가장 친한 친구이고 이 상담도 엄마가 제안해서 왔어요"라고 했습니다. 그렇게 엄마와 가까워질 수 있는 끈이 무엇이냐고 물었더니 "나는 밤마다 엄마 품에서 잠들었습니다"고 했습니다. 엄마는 아만다가 마약을 복용하고, 난잡한 성관계를 갖고, 상스러운 언어를 사용하고, 사탄 숭배의식을 행하는 것에 불만이 많았습니다. 그렇지만 정말 필요한 것은 훈계가 아니라 사랑이라는 것을 알고 있었기 때문에 지속적으로 아만다에게 사랑을 보여 준 것입니다.

사랑을 보여 주니까 아무리 불만을 외쳐도 그것이 걸림돌이 안 됐다는 겁니다. 사랑은 사람을 변화시킵니다. 사랑을 거부할 수는 있지만 일단 사랑 받게 되면 영적 영향력을 받게 돼 있습니다. 그래서 하나님께서 심판에서 긍휼로 바꾸겠다고 했습니다. 너희를 위해 내가 죽겠다는 것입니다.

인간이 어려서부터 악한 것을 알게 되면 사람들에게 상처 받지 않습니다. 기대할 것이 없기 때문입니다. 이것이 선물입니다. 그러면 방주에서 나오라고 하시고 사명을 주실 것입니다.

◇◇◇◇◇ 안 변하는 나 때문에 십자가 지신 주님의 사랑을 알고 있습니까. 그 사랑과 은혜를 입었기에 나도 안 변하는 내 배우자, 자녀를 위해 죽기로 결단하십니까.

오래도록 안 변하는 배우자와 식구들을 보며 우리는 언제 깜깜한 방
주에서 나갈지가 너무나 궁금합니다. 하나님께서는 언제 방주에서 나
오게 하실까요. 어떻게 해야 방주에서 나오라고 하시는 하나님의 음성
을 들을 수 있을까요.

하나님의 때까지 잘 기다려야 합니다.(창세기 8:13-19)

구원의 역사가 중요하기에 창세기 6장에서 9장까지 일 년 동안의 일
을 정확하게 기록했습니다. 정확한 때에 정확하게 말씀하시는 하나님
의 음성을 듣기 원합니다. 하나님의 사인을 받고서야 노아 가족과 모든
짐승이 방주에서 나왔습니다. 기다림의 훈련을 잘 받고 있으면 말씀으
로 장래 일을 알게 하시고 방주에서 나오라고 하시는 것을 믿습니다.

예배가 목적인 인생을 살아야 합니다. (창세기 8:20)

노아는 방주에서 나오자마자 제물을 취해 예배를 드립니다. 홍수가 그쳐서 고난이 끝났다고 편안함을 구하지 않고, 없는 중에도 제물을 바치고 예배를 드렸습니다. 예배가 내 인생의 목적이기를 원합니다. 내가 방주 안에서 훈련받은 모든 것으로 하나님을 기쁘시게 하며 다른 사람을 살리는 자가 되게 하소서.

긍휼의 은혜를 베풀기 위해 나오라고 하십니다. (창세기 8:21-22)

노아의 예배를 기뻐 받으신 하나님께서 사람이 어려서부터 악하기에 다시는 땅을 저주하지 않겠다고 약속하십니다. 심판으로는 인간이 안 변하는 것을 아시고, 이제부터는 추위와 더위와 심음과 거둠의 수고를 통해 여인의 후손 예수님을 기다리라고 하십니다. 변하지 않는 나 때문에 하나님이 마음을 바꾸시고 십자가에서 죽으셨습니다. 변하지 않는 배우자와 자녀를 보며 내가 마음을 바꾸게 하소서. 나를 위해 죽으신 하나님의 긍휼로 나도 죽어지기로 결단하기 원합니다.

우리들 묵상과 적용

저는 자수성가하신 아버지와 오직 자식의 성공이 우상이셨던 어머니 사이에서 4형제 중 막내로 자랐습니다. 평범하나 성실한 학창 시절을 지나 직장에서도 별 문제없이 원만한 생활을 했습니다. 잘 다니던 대기업을 그만 두고 시작한 동업이 부도를 맞았지만 그때도 제 의지로 일어설 수 있었기에 하나님을 찾지 않았습니다. 천주교를 믿던 아내를 만나 두 아이의 아빠가 된 저는, 자식의 성적을 우상으로 삼으며 아이들을 가인의 후예로 키우고자 했습니다. 칭찬과 격려보다는 꾸지람과 호통이 대화 수단이 되었고, 강남에 있는 학교에 보내기 위해 딸은 세 번의 전학을, 아들은 두 번의 전학을 시켰습니다. 그러던 중 유학을 목표로 하는 기독교 대안 학교를 알게 되었고 미국식 학교라는 점과 졸업 후에는 유학을 가는 것에 마음이 끌려 아들의 입학을 준비하였고 후배가 다니는 교회의 목사님 추천서를 받을 수 있었습니다. 아들의 입학 후 부모도 아들과 동일한 신앙을 가져야겠다는 마음으로 추천서를 써 주신 교회에서 새신자 교육을 받았으나 그 곳이 이단인 것을 알고 나오게 되었습니다.

그후 우리들교회에 왔습니다. 처음에는 목사님 말씀이 잘 들리지 않았으나 붙어 있기만 하면 변화된다는 말씀에 주일예배와 수요예배와 부부 목장에 빠지지 않고 참석했더니 저희 가족 모두 하나님을 영접하는 은혜를 주셨고, 마침내 세례를 받았습니다.

주일 아침이면 성당에서 미사를 막 끝낸 딸을 교회에 데려와 예배를 드리도록 했지만, 딸은 사방에 아빠가 있는 게 지옥이라며 밖으로 겉돌았고, 공부가 아닌 음악 학원을 가겠다는 딸의 생각은 공부가 우상이었던 저를 힘들게 했습니다. 다른 지체들은 자녀의 가출, 암, 부도의 사건들로 인생의 해달별이 떨어진다고 하는데 저는 딸의 방황이 해달별이 떨어지는 사건이었습니다. 그러나 예배가 회복되며 저의 죄가 보이기 시작했습니다.

하나님께서는 언제나 우리의 유익을 먼저 생각하시고 변하지 않는 악한 우리를 위해 하나님이 바뀌기로 결정하셨는데, 저는 제 욕심을 위해 딸이 변하기만 바라고 있던 아빠였습니다. 저의 지론이었던 성실과 최선이 자기 의였고 그것이 하나님 앞에 죄라는 것을 알게 됐다고 딸에게 저의 강퍅함을 오픈하고 사과했습니다. 하나님의 사랑을 알게 됐으니 이제부터 우리 집에서 천국을 만들어 가자며 눈물로 사과하고 회개했더니 딸과 마음이 합해지는 은혜를 주셨습니다. 지금은 딸이 교회에 등록하여 예전보다 밝은 모습으로 예배와 목장에 참석하며 고등부에서 부목자로 섬기고 있습니다.

또한 아들은 집을 떠나 유학 대안 학교의 기숙사에서 생활했었는데, 열여덟 살까지는 부모가 양육하며 믿음을 넣어 주는 것이 최고의 유산이라는 목사님 말씀에 다니던 학교를 그만두고 집으로 돌아와 함께 예배를 드리고 목장에 참석하며 제자 훈련까지 받는 은혜를 주셨습니다. 우리 가족의 인생의 목적이 예배가 되게 하기 위한 하나님의 선물이라 생각합니다.

아이들의 구원을 위해 나 자신과 싸우며 하고 싶은 말이 많아도 참고 있으니, 이제는 많이 편안하고 자유해진 집안의 분위기를 이용해 딸과 아들이 부모의 적용을 불꽃같은 눈으로 감찰하며 서슴지 않고 잘못을 지적하기도 합니다. 얼마 전까지만 해도 저희 집에서 그런 대화가 오간다는 것은 상상할 수 없었는데 말입니다. 내가 죽기로 마음을 바꿔먹고 기다림이 지혜이고 기다리는 것 자체가 천국이라는 것을 기억하며 하나님께서 방주에서 나가 사명 감당하라고 하실 때까지 잘 기다리기 원합니다.

하나님 아버지, 인간이 어려서부터 악하다는 것을 알기 원합니다. 같이 한 이불 덮고 자는 남편과 아내가 서로 속이고 자녀가 속 썩이면 우리는 사랑할 능력이 없습니다. 하나님께서 인간이 어려서부터 악한 것을 아셨습니다. 그래서 하나님이 바뀌기로 결정하셨는데 우리도 바뀌기로 결정해야 되지 않겠습니까. 자녀가 변하고, 남편이 변하고, 아내가 변하게 해달라고 아무리 기도해도 변하지 않습니다. 하나님께서도 죽겠다고 하셨사오니 우리도 내가 죽기로 결단하기 원합니다. 죽어지고 썩어지고 밀알이 되게 하여 주시옵소서. 오직 그것밖에 없습니다.

내가 하나님과 친밀한 사귐을 가지니 끝까지 잘 기다린 것 같지 않은데도 어느 날 방주에서 나오게 하실 때가 있다고 합니다. 예배가 목적이 되는 인생이 되게 하신 것을 알고 감사드립니다. 내 공로가 하나도 없는

데도 이런 선물을 주셨습니다. 인생의 목적이 아직도 성공이고, 자식 자랑이고, 환경 자랑이고 싶어 방주에 들어가지도 못하고, 들어가서도 나오지도 못하고 시간 낭비, 감정 낭비하는 것을 불쌍히 여겨 주시옵소서.

인생이 어려서부터 악한 것을 알게 되니 인생이 쉬워졌습니다. 나를 사랑하셔서 추위와 더위가 끊임없이 오며, 이 고난 때문에 그리스도께로 갈 수 있는 지름길을 주셔서 감사합니다. 우리가 끝까지 죽어지기로 결단하며, 이 땅의 모든 사명자들이 이 길을 가기를 기도합니다. 기다리고, 기다리고, 또 기다려서 하나님의 사인을 받고, 혹독한 훈련 가운데 기다림의 영성을 가지고 하나님이 기뻐하시는, 이 땅에서 빛과 소금의 역할을 하는 우리 모두가 될 수 있도록 은혜를 내려 주시옵소서. 예수님의 이름으로 기도합니다. 아멘.

chapter 7

방주에서 나와서 폐허가 된 세상에 서서,
이제 다시 시작하며
예배의 복을 누리는
우리가 되기를 원합니다.

다시
복 주시는
하나님

인생을 모두가 행복하게 사는 것같이 보여도 죽고 싶은 고통을 겪고 있는 사람들이 얼마나 많은지 모릅니다. 그러나 만약 나의 부모가 어려서 자살했다면 우리가 지금 살 수 있었겠습니까? 몇 세대 전 나의 조상 한 사람이 스스로 목숨을 끊었다면 우리는 여기 존재하지 못합니다. 그의 자살과 동시에 영적 육적 자손이 끊기기 때문입니다. 그래서 자살은 큰 범죄입니다. 생명을 주신 하나님께 감사해야 하고, 내 부모가 아무리 악한 역할로 있다 해도 예수님을 만나고 나면 나를 낳아 준 것에 감사해야 합니다.

하나님은 어떤 상황에서도 우리에게 다시 복을 주겠다고 하십니다.

모든 것이 홍수 심판으로 다 쓸려가 버린 환경에서 어떻게 하나님께서 복을 주실까요.

생육하고 번성하여 충만하라고 명령하신다

노아가 깜깜한 방주에서 지내다가 나와 보니 세상이 온통 폐허가 되어 있습니다. 노아가 살 맛이 났을까요. 방주에서 나와서 "사람이 평생 안 변하는데 징글징글하게 애는 낳아서 뭘 하겠냐. 그냥 살아남은 우리끼리 살다가 그냥 죽자"라고 말할 수도 있었을 것입니다. 그러면 하나님이 "그래, 알았다. 그동안 수고했다. 다시는 악한 애들 낳지 마라" 하셔야 할 것 같은데 하나님이 노아에게 무엇이라 말씀하십니까?

> 하나님이 노아와 그 아들들에게 복을 주시며 그들에게 이르시되 생육하고 번성하여 땅에 충만하라(창 9:1)

하나님이 "낳아라, 애 낳아라, 계속 많이 낳아라" 하시는 것입니다. 생육하고 번성하여 땅에 충만하라는 것은 열매를 맺고, 많아지고, 가득 차라는 뜻입니다. 죄 가운데 인류가 멸망했어도 창조 때와 동일하게 다시 우리를 축복하십니다. 아무리 쓸어버림을 당했어도 다시 시작하라고 하십니다. 전도도 다시 시작하라고 하십니다. 우리가 다시 시작할 수 있도록 모든 은혜와 조치를 취해 주십니다.

예배의 회복으로 풍성해져야 한다

> 하나님이 노아와 그 아들들에게 복을 주시며 그들에게 이르시되 생육
> 하고 번성하여 땅에 충만하라(창 9:1)

노아에게만 말씀하시던 하나님께서 이제는 구속사의 주인공이 될 아들들에게 직접 찾아오셔서 말씀해 주십니다. 직접 복을 주십니다. 이 복은 창세기 1장에 나오는 바라크의 복입니다. 하나님께 무릎을 꿇고 기도하고 찬양하며 경배하는 복입니다.

하나님의 아들들이 사람의 딸들의 아름다움을 보고 그들을 아내로 삼았습니다. 그들이 육체가 되고 하나님의 영이 함께하지 않으심으로 온 땅에 죄악이 가득하고 하나님은 홍수로 이들을 심판하셨습니다. 그런데 이제 다 쓸어버리신 세상에서 다시 하나님을 경배하는 복을 주시겠다고 합니다.

고난이 없던 아담이 생육하고 번성하여 땅에 충만하라는 하나님의 명령을 온전히 이해하지 못했습니다. 그러나 노아가 홍수 심판을 겪고 나서 이 명령이 깨달아졌습니다. 고난이 없으면 말씀이 하나도 안 들리지만 일단 배우자와 자녀가 속을 썩이면 같은 말씀이 다르게 들려옵니

다. 하나님은 폐허가 된 환경 속에서 하나님을 예배하는 복을 주십니다.

우리에게는 생육하고 번성하여 충만할 책임이 있습니다. 믿는 우리는 사업과 가정과 직장생활에서 열매를 맺고, 풍성하게 해야 할 책임이 있습니다. 그러나 우리의 생육, 번성, 충만의 개념을 다시 생각해 볼 필요가 있습니다.

헤밍웨이, 마릴린 몬로, 장국영, 엘비스 프레슬리… 이 땅에서 생육하고 번성하여 충만했던 사람들 아닙니까? 모든 것을 가지고 누리던 사람들인데 이들이 자살했습니다. 그러면 이 땅에서 무조건 가난하게 사는 것이 정답일까요? 그렇지 않습니다. 이 세상에서 하나님의 영광을 위해 살고, 하나님을 대신하는 메신저의 삶을 사는 것이 생육하고 번성하여 땅에 충만한 것입니다. 우리는 본이 되는 삶을 살아야 합니다. 예수님을 믿지 않는 사람들에게도 이 모습을 보여 주어야 합니다.

그러나 우리는 자꾸 치우칩니다. 감정적으로 불쌍히 여기는 마음을 갖다가도 동정으로 치우치고, 지적인 것을 추구하다 맨 마지막에 허무함으로 빠집니다. 세계의 지성 헤밍웨이가 지적으로 충만했지만 교만이 넘쳐서 결국 권총으로 자살하지 않았습니까. 불의를 보고 의연히 나서야 하지만 그 의로움이 내 의로움이 되면 그때부터는 편견의 함정에 빠지게 됩니다. 권위를 싫어하는 사람은 무질서로 치우치기 쉽고, 권위적이 되면 자율성을 기대하기가 어렵습니다. 저는 권위를 싫어하는 사람이 권위적으로 변하는 것을 많이 보았습니다.

하나님을 중심에 둔 바라크의 복 없이는 다 치우칠 수밖에 없습니다.

돈과 미모, 학벌과 명예를 다 가지고도 치우칩니다. 한순간에 치우쳐서 충동적으로 자살에 이릅니다. 하나님이 없는 생육, 번성, 충만은 모두 헛것입니다.

하버드대학에 들어간 한국인 학생들이 많습니다. 우수한 성적으로 입학을 하지만, 해마다 동양계 낙제생 열 명 중 아홉 명이 한국인이라고 합니다. 어려서부터 공부에만 몰두하게 해서 학교에 들어가고는 다 낙제를 하는 것입니다. 왜 그렇습니까? 'nothing, long term life goal'(인생의 장기적인 목표가 없다)이라고 합니다. 인생에 장기적인 목표와 비전이 없기 때문입니다. 내가 어떻게 헌신하겠다, 공부를 해서 하나님을 위해 이렇게 살겠다는 꿈이 없기 때문입니다.

그래서 말씀을 어려서부터 가르치고 예배의 복을 가르쳐야 합니다. 웨스트민스터 신앙고백 중 제1 원리는 '사람의 제일된 목적은 하나님을 영화롭게 하고, 그를 영원토록 즐거워하는 것이다'입니다. 한 단어로 무엇입니까? 예배입니다.

내가 얼마나 쓰레기 같고 누더기 같은 인생인지 알게 되고 하나님 앞에 저절로 무릎을 꿇게 되는 것이 예배의 회복입니다. 예배가 회복되면 급한 일과 중요한 일을 분별하게 됩니다. 도덕적이고 윤리적인 것으로 비판하고 교만하지 않습니다. 지, 정, 의의 균형을 갖게 됩니다. 하나님을 바라보는 것 그 자체가 기쁨이 됩니다.

◇◇◇◇◇ 깨어진 부부생활을 다시 시작하려 합니까. 부도난 사업을

다시 시작하려 합니까. 육적인 번성을 버리고 영적인 생육과 번성을 기대하며 다시 치러야 할 수고가 있어도 기쁨으로 감당할 수 있습니까.

하나님은 두려워 말라고 하신다

> 땅의 모든 짐승과 공중의 모든 새와 땅에 기는 모든 것과 바다의 모든 물고기가 너희를 두려워하며 너희를 무서워하리니 이것들은 너희의 손에 붙였음이니라(창 9:2)

아담에게 생육하고 번성하고 충만하라는 명령을 주셨을 때, 아담에게는 아무런 두려움도 없었습니다. 고난 없이 예수를 믿으면 그 말씀이 무슨 뜻인지, 뭐가 무서운지도 모릅니다. 그래서 선악과를 따먹는 사건이 오고, 홍수 심판이 와서 당하고 나니, 생육하고 번성하여 충만하는 것의 참 의미를 알게 됩니다. 두려움이 무엇인지 알게 됩니다. 그간 하나님이 주신 영적인 권위로 동물들이 인간에게 순복했는데, 죄가 들어와 인간이 타락하고 나서 그 권위를 잃었습니다. 동물들이 인간에게 순복하지 않고 대항하는 결과를 가져왔습니다. 잘못하면 인류가 멸망당할 위기입니다. 호랑이, 하마, 악어에 비해 인간이 얼마나 연약한 존재입니까.

그래서 하나님은 다시 시작하는 인간에게 동물들이 너희를 두려워하게 해 주겠다는 약속을 주셨습니다. 동물들에게 인간에 대한 본능적인 두려움을 주셨습니다. 인간과 생물 사이를 유지하는 새로운 유형이 펼쳐진 것입니다. 죄로 무질서해질 세상에서 인간을 보호하려는 하나님의 계획입니다. 약한 자를 강하게 하시는 하나님의 사랑입니다.

이사야서 11장 6-9절에서는 이리와 어린 양, 젖먹이와 독사가 상함과 해함 없이 어우러질 새 하늘과 새 땅을 예언합니다. 그러나 이 땅에서 살고 있는 우리는 늘 두렵습니다. 하나님의 생기가 임하지 않아서 동물처럼 무섭고 두려운 사람들이 많습니다. 이 사람은 돈이 많아 나를 무시하니 무섭고, 저 사람은 힘이 세서 나를 때릴까 무섭습니다. 그런데 이런 우리에게 "두려워 말라"고 하시는 것입니다.

하나님의 영이 들어가지 않은 동물은 숭배의 대상도, 두려움의 대상도 아닙니다. 그런데 내게 하나님의 영이 임하지 않으니 사람이 늘 무섭고 두려운 것입니다. 제가 그랬습니다. 그러나 하나님의 영이 임하니 아무도 두렵지 않게 됐습니다. 사람이나 사고 때문에 죽는 게 아니라 사명이 다해야 내가 죽는 것을 알게 됐습니다.

이 땅에서 나를 죽일 사람이 없습니다. 하나님이 나와 동행하시기에 두려워할 것이 없습니다. 아직 예배가 회복되지 않았기에 두려운 것입니다. 이사야서 41장 10절의 말씀을 붙잡으십시오. "두려워하지 말라 내가 너와 함께함이라 놀라지 말라 나는 네 하나님이 됨이라 내가 너를 굳세게 하리라 참으로 너를 도와 주리라 참으로 나의 의로운 오른손으로 너를 붙들리라." 두려워 말고 다스리십시오. 오늘도 곳곳에서 많은 사람들이 말씀이 없어서 피를 철철 흘리고 죽어갑니다. 나에게 말씀이 있으면 모든 사람들을 다스리고 도울 수 있습니다.

◇◇◇◇◇ 깨진 관계, 무너진 사업을 다시 시작하며 어떤 것을 두려워합니까. 인생의 목적이 행복이 아닌 거룩으로 바뀌었기에 두려움 없이 나아가고 있습니까. 여전히 행복과 성공이 목적이어서 다시 시작할 생각만 해도 골치가 아픕니까.

생명의 주인은 하나님이시다

> 모든 산 동물은 너희의 먹을 것이 될지라 채소같이 내가 이것을 다 너희에게 주노라(창 9:3)

홍수 이후에 채소가 자라려면 시간이 걸리기에 하나님이 동물까지도 식용으로 허락하십니다. 채소를 먹으려고는 아귀다툼하지 않았지만 동물을 먹기 위해 다투고 싸우게 됩니다. 이것이 우리 죄의 결과입니다. 그러나 우리가 다시 살기로 작정하면 하나님이 먹을 것을 공급하시겠다고 합니다. 하나님이 책임지실 것을 믿으십시오.

하나님은 산 동물을 먹으라고 하십니다. 언제 죽어서 부패했는지 모를 죽은 동물이 아니라 인간의 건강까지 염려하셔서 산 동물을 먹으라고 하십니다. 우리도 죽은 사람들과 놀려고 안달복달하지 말고 예수 생명이 있는 사람들과 깊고 넓은 교제를 하기 바랍니다.

> 그러나 고기를 그 생명 되는 피째 먹지 말 것이니라(창 9:4)

그러나 고기를 피째로는 먹지 말라고 하십니다. 홍수 이후에 생명 경시 풍조가 일어날 수도 있기 때문입니다. "하나님은 잘못하면 다 쓸어버리시는 분이다. 그러니 죽여도 되겠다"가 아니라, 짐승과 사람 모두가 하나님의 주권 하에 있기에, 식용의 목적으로는 먹되 살육하고 학대하면서 생명을 경시하지 말라는 의미입니다.

> 내가 반드시 너희의 피 곧 너희의 생명의 피를 찾으리니 짐승이면 그 짐승에게서, 사람이나 사람의 형제면 그에게서 그의 생명을 찾으리라
> (창 9:5)

함부로 죽이고 타살하지 말라고 하십니다. 하나님이 그 피를 찾겠다고 하십니다. 그래서 조직과 인간 정부가 필요해졌습니다. 하나님의 관리를 못 받아서 인간 정부의 관리를 받아야 하는 것이 우리에게 너무

고난이지만, 축복의 벌을 잘 받고 있으면 예수님이 오십니다.

> ⁶다른 사람의 피를 흘리면 그 사람의 피도 흘릴 것이니 이는 하나님이 자기 형상대로 사람을 지으셨음이니라 ⁷너희는 생육하고 번성하며 땅에 가득하여 그 중에서 번성하라 하셨더라(창 9:6-7)

그래서 엄청난 죄를 지은 사형수라도 마음대로 죽여서는 안 됩니다. 생명을 죽이는 것은 내 권한이 아닙니다. 우리가 하나님의 형상으로 지음받았기 때문에 자살도 타살도 해서는 안 됩니다. 어떠한 살인자라도 그 속에 거룩한 씨가 있을 수 있습니다. 나에게 주어진 법을 잘 지키고 통제를 잘 받으면 생육하고 번성하게 하시는 하나님의 명령이 이루어집니다.

배금주의 사상에 물들어 아이들의 분유에 화학물질을 넣고, 상한 재료를 몰래 유통하는 일들이 일어나고 있습니다. 참으로 통탄할 일입니다. 제가 단동 샘 병원에서 집회할 때 들은 이야기가 있습니다.

압록강 하나를 사이에 두고 한쪽은 북한의 신의주이고 한쪽은 중국의 단동입니다. 단동은 고층빌딩이 들어서고 밤이 되면 휘황찬란한데, 신의주는 암흑입니다. 한때는 신의주가 서울보다 더 잘살았는데, 내 민족이 사는 그 곳이 그렇게도 캄캄합니다. 단동에서는 '인간 사파리 관광'이 있답니다. 사파리 관광은 차를 타고 가면서 밖에 야생 상태로 있는 코끼리나 호랑이를 구경하는 것인데, 인간 사파리 관광은 버스를 타고 가면서 굶주린 북한 주민들에게 먹을 것을 던져 주고 그걸 허겁지겁 주워 먹는 그들을 구경하는 관광이라 하니 기가 막힙니다. 너무나 슬프고 가슴 아픈 인간 학대입니다.

자살도 생명의 주인이신 하나님 앞에 범죄하는 행위입니다. 왜 살아야 하는지 답이 없어 자살하는 존재론적인 원인도 있고, 상실감으로 인한 자살도 있습니다. 그리고 카드 빚, 왕따, 성적이 떨어지고 자존심이 상하거나 스트레스로 인한 자살 등 환경적 요인도 있습니다. 중고등부 주보를 보니 반에서 왕따를 당하는 친구가 있지만 그 친구 편을 들면 자기도 바로 왕따가 되기에 두렵다고 하는 글이 있었습니다. 외모 때문에 왕따하고 환경 때문에 왕따하는 것이 얼마나 무서운 죄악입니까. 아이들을 어떻게 학교에 보내야 할지 너무 두렵습니다. 그래서 우리는 말씀의 구조 속에 있어야 합니다.

죽으면 끝이 아닙니다. 구더기도 죽지 않는 곳이 지옥입니다. 영원한 고통, "내가 못살아"가 영원히 이어지는 곳이 바로 지옥입니다. 남은 식구들이 얼마나 고통을 겪으며 살아야 하는지 모릅니다. 힘들고 지칠 때, 우리는 주님의 은혜를 붙잡아야 합니다. 말씀을 부여잡고 이를 악물면서 자살의 충동에서 벗어나야 합니다.

구원은 이 땅의 행복과 축복이 아닙니다. 방주를 짓고, 방주에 들어가고, 방주에서 나올 때 하나님의 메시지가 들리는 것이 진정한 구원입니다. 말씀이 들리는 것이 구원입니다. 사명자로 걸어가는 모습을 보여줘야 하는데, 돈이 생겼다고, 대학에 붙었다고, 병이 나았다고 이게 구원이라고 떠벌리는 것이 얼마나 유치한 수준인지 알아야 합니다.

한 고등학생 아이가 임신을 했는데 아이를 지우지 않고 낳아서 키우기로 결정했습니다. 그 아이의 앞길에 얼마나 수치와 조롱이 기다리고 있겠습니까. 그러나 하나님의 명령 때문에 생명을 귀히 여기고 키우기로 결정하면 그것 때문에 생육하고 번성하고 충만하게 하실 것입니다. 만약 이 사실이 부끄러워서 속이고 아기는 입양시키고 조건 좋은 신랑을 만나서 잘살게 된다면 그게 축복입니까? 남들이 죽었다 깨어나도 하지 못할 적용, 아기를 키우고 조롱을 받으면서도 하나님만 보는 것이 구원입니다. 진정한 축복입니다. 환경을 벗어나는 것이 축복이 아니라 짧은 인생 가운데 하나님만을 목적으로 놓고 걸어가는 것이 다른 사람을 살리는 길입니다. 힘겹고 눈물 나는 길을 걸을 때 우리의 속사람이 날로 강성해지는 복을 누리게 될 것입니다.

◇◇◇◇◇   어떤 일에도 생명의 주인이신 하나님이시기에 나를 살리실 것을 믿습니까. 하나님의 형상인 나 자신의 생명, 다른 이들의 생명을 소중히 여기며 낙태와 자살에 대한 성경적 가치관을 갖고 자녀들에게도 가르칩니까.

자살은 생명의 주관자이신 하나님을 거역하고 영적 자손이 끊어지게 하는 죄입니다. 부모를 통해 주신 소중한 생명에 감사하며 영적 계보를 이어갈 때 하나님은 어떤 상황에서도 다시 복을 주십니다.

생육하고 번성하여 땅에 충만해야 합니다. (창세기 9:1)

홍수 심판 이후 모든 것이 쓸어버림을 당한 그 자리에서 생육, 번성, 충만하라고 하십니다. 죄로 죽을 수밖에 없는 우리가 다시 시작할 수 있도록 복을 주시고 환경을 만들어 주시니 감사합니다. 나에게 주신 삶의 자리에서 생육하고 번성하게 하옵소서.

예배의 회복으로 풍성해야 합니다.(창세기 9:1)

하나님께서 노아와 그 아들들에게 직접 주신 복은 창세기 1장에 주셨던 '바라크'의 복, 하나님께 무릎 꿇고 기도하며 경배하는 복입니다. 하나님을 경배하는 예배가 회복되어 생육하고 번성하여 충만한 삶을 살게 하소서.

하나님은 두려워 말라고 하십니다.(창세기 9:2)

죄로 무질서해진 세상에서 인간을 보호하시려고 하나님은 동물들에게 인간에 대한 본능적인 두려움을 주십니다. 나에게 하나님의 영이 있기에 하나님이 없는 자들은 나에게 위협이 되지 않는 것을 믿습니다. 하나님께서 내게 붙이신 이들을 두려움 없는 사랑으로 섬기게 하소서.

생명의 주인은 하나님이십니다.(창세기 9:3-7)

홍수 이후에 먹을 것이 부족해지자 동물도 먹으라 하시고, 나의 건강과 생명을 위해 구체적으로 책임져 주십니다. 고기를 피째 먹지 않는 것은 생명을 경시하지 말고 하나님의 형상대로 지은 사람을 함부로 죽이지 말라는 뜻입니다. 생명을 죽이는 낙태와 자살, 타살의 죄가 얼마나 크고 두려운 것인지 알게 하소서. 생명이 소중하기에 구원의 복음을 전하게 하시고, 하나님의 말씀이 들리는 자리에서 생육하고 번성하며 복 주시는 인생을 살게 하소서.

어린 시절, 우리 집은 4대가 한 집에 살았습니다. 식구가 많아 육적인 생육과 번성이 있어 보였으나, 예수님을 믿지 않던 집안에서 늘 서로 간에 크고 작은 싸움과 대립이 일상이었습니다. 친척의 유괴와 죽음, 오빠의 재생 불량성 빈혈, 엄마의 말기 암 선고와 죽음 등 집안의 악재는 끊이지 않았습니다. 늘 술중독과 자녀들에게 분풀이성 폭력을 행사하는 아버지를 견디다 못한 저는 대학시절 수차례 집을 나와 전전했고, 그러던 중 같은 교회 선교단 멤버였던 남편을 만나 도피성 결혼을 했습니다. 그러나 행복이 목적이었던 결혼은 서로의 차이를 인정하지 못했기 때문에 또 다른 갈등의 연속이었습니다.

힘든 결혼생활과 그토록 꿈꾸던 교사로서의 진로가 좌절되는 한계상황 속에 놓이게 되자, 저는 곤고함으로 하나님께 무릎 꿇었습니다. 말씀이 살아있는 공동체를 소망하고 기도하던 중, 하나님의 인도하심으로 우리들교회에 승선하게 되었습니다. 무너진 예배가 회복되니 어느덧 남편이 목자가 되는 영적인 직분도 누리게 되었습니다.

생명의 주인은 하나님이심을 알면서도 영적으로 무지하고 두려웠던 나머지 첫 아이를 낙태한 죄책감에, 다른 사람의 피를 흘리면 그 사람의 피도 흘릴 것이라는 말씀이 두렵게만 다가왔습니다. 하나님이 평생 아이를 안 주시면 어쩌나 두려웠는데, 눈물로 낙태의 죄를 고백하고 회개하니 두 딸을 허락하시고 다시금 생육하고 번성하는 복을 허락하셨습니다.

처음 목장에 갔을 때, 소수의 사람 외에는 나를 절대 오픈하지 않았기에 공동체에 적용하는 것이 쉽지 않았습니다. 그러나 서로의 죄와 수치를 고백하고 말씀으로 삶을 해석하며 예수 생명을 가진 지체들과의 교제를 통해 말씀이 들리고 내 인생이 해석되는 은혜를 주셨습니다.

하나님을 단지 전능하신 분으로만 알았던 나의 기복적 가치관이 무너지고 언약의 하나님을 알아가게 하신 지난 시간 동안, 하나님은 구속사의 가치관으로 그 자리를 대신 채워 가시고 사명을 위해 살아가라는 언약을 세우십니다. 제 수치와 고난이 다른 사람을 살리는 구원의 약재료가 되기를 소망합니다.

기도

하나님 아버지, 오늘 부도가 났습니까, 부부관계를 다시 시작해야 합니까. 다 쓸어버리신 환경에서 모든 게 무너졌습니다. 생각만 해도 치가 떨리는 사람이 있는데 오늘 다시 시작하라고 하십니다. 내가 복을 주겠노라고, 생육하고 번성하여 충만하라고 하십니다.

주님, 저는 두려워서 아무것도 하지 못합니다. 예배를 드리는데도 아직도 치가 떨리고 두려워서 날마다 치우칩니다. 온전한 예배가 아닌 지식과 감정, 권위에 치우치고, 외모와 정욕, 안목에 치우쳐서 올바른 결정을 하지 못합니다. 불쌍히 여겨 주시옵소서. 하물며 하나님이 없는 사람은 어떻겠습니까. 중심에 하나님이 없이 진정한 생육, 번성, 충만이 있을 수 있겠습니까. 우리 가정을 불쌍히 여겨 주시옵소서. 자신이 누더기 같고 쓰레기 같은 인생임을 고백하는 한 사람이 있으면 가정과 교회가 충만할 것인데, 그 한 사람이 못 되는 것을 불쌍히 여겨 주시고, 두려워하지 않도록 도와 주시옵소서.

생명의 주인이 하나님이라 하시는데, 지금 내 민족이 인간 사파리 관광에서 떨어진 먹을 것을 주워먹는 역할을 하고 있습니다. 저들을 불쌍히 여겨 주시옵소서. 아무것도 아닌 일에 죽자사자 옳고 그름을 따지는 나를 용서해 주시고, 배부르고 등 따신 고민으로 날마다 죽겠다고 하는 것을 불쌍히 여겨 주시옵소서. 나의 모든 치우침이 하나님을 바라봄으로 바로 잡아지게 하옵시고, 균형 잡힌 삶을 살도록 역사하여 주시옵소서. 다시 복을 주시는 주님 때문에 다시 일어서게 하여 주시옵소서.

타살로 인해 감옥에 들어간 분들과 가족들, 그리고 자살로 인해 뒤에 남은 사람들을 위해 기도합니다. 이제 다시 일어나서 생육하고 번성하고 충만하길 원합니다. 주의 보혈로 손을 붙잡고 일어나는 모두가 되도록 은혜 내려 주시옵소서. 무너진 모든 자리에서 다시 시작하도록, 하나님의 일꾼되어 생육하고 번성하여 충만하도록 역사해 주시옵소서. 예수님의 이름으로 기도합니다. 아멘.

chapter 8

오늘 우리에게 다시는
홍수로 심판하지 않으신다는
언약을 주시니 감사합니다.
모든 것이 쓸어버림을 당하는 환경 가운데
이 언약을 믿음으로 받기 원합니다.

고난 속에
주시는
무지개 언약

실화를 소제로 한 〈노트북〉이라는 영화가 있습니다. 두 남녀가 열일곱 살 때 만나 불같이 사랑했지만 신분의 차이를 극복하지 못해 헤어집니다. 7년 후에 두 사람은 다시 만나고, 결국은 우여곡절 끝에 결혼을 하고 사랑의 약속을 지킵니다. 그런데 나중에 그 부인이 치매에 걸려 기억을 잃어버리게 됩니다. 남편은 아내를 요양소에서 지극정성으로 간호하며, 젊은 날의 사랑을 기록했던 공책(notebook) 속 이야기들을 계속해서 읽어 줍니다. 기적적으로 잠시 그녀의 기억이 돌아오는데, 두 사람은 그때 손을 잡고 숨을 거둡니다.

너무나 아름다운 사랑입니다. 우리는 모두 그런 사랑을 꿈꿉니다. 그

러나 결혼 전에 아무리 많은 연애편지를 받고 사랑의 말을 들어도 사람
은 믿음의 대상이 아닙니다. 인간이 어려서부터 악하고 약속을 지키기
어렵기 때문에 이런 영화가 아름답게 느껴지는 것입니다. 우리는 죄인
이기에 약속을 남발하고, 또 지키지도 못합니다. 그래서 우리 사이에 하
나님이 계셔야 합니다. 하나님은 약속을 지키시는 분이기 때문입니다.

홍수 심판 가운데서 구원받은 노아와 노아 가족을 하나님께서 다독
이십니다. 다시 물로 심판하지 않겠다고 말씀하시고 그 증거로 무지개
언약을 주십니다. 하나님의 무지개 언약이 무엇인지 살펴보겠습니다.

하나님의 언약은 내 후손까지 책임지신다

> [8] 하나님이 노아와 그와 함께한 아들들에게 말씀하여 이르시되 [9] 내가
> 내 언약을 너희와 너희 후손과 [10] 너희와 함께한 모든 생물 곧 너희와
> 함께한 새와 가축과 땅의 모든 생물에게 세우리니 방주에서 나온 모
> 든 것 곧 땅의 모든 짐승에게니라(창 9:8-10)

인간은 언약의 당사자가 될 자격이 없습니다. 하나님이 일방적으로
찾아오셔서 우리와 언약을 맺으십니다. 구원은 내가 노력해서 받는 것이
아니라 하나님이 내미시는 손을 붙잡고 아멘으로 화답하는 것입니다.

홍수로 모든 세상이 쓸어버림을 당한 이때, 다시 시작해야 하는 인간

에게 하나님은 생육하고 번성하여 충만하라고 하십니다. 복을 주시고 두려워하지 말라고 하신 하나님은 이제 한 발짝 더 나아가서 "안 믿어지면 내가 약속해 줄게" 하면서 무지개 약속을 주십니다.

부도가 나고 건강이 무너지는 환경 가운데서 우리는 먼저 내 자식을 걱정합니다. "내가 망했는데, 우리 자녀는 어떡하지?"가 우리의 주제입니다. 그래서 하나님은 후손에 후손까지 책임지겠다고 약속하십니다. 9-10절에 보듯이 노아와 모든 가족, 그들의 후손, 또 그들과 함께한 모든 생물, 나아가 앞으로 태어날 모든 인류와 피조물이 그 언약의 대상이 됩니다.

홍수가 끝나고 이제는 사명을 감당해야 하는데 우리가 걱정하고 있으니 하나님께서 "내가 책임진다!" 하십니다. 인간이 자식을 위해 아무리 잘 해봐야 잘 먹이고 잘 입히는 것밖에 못 합니다. 그것도 자녀에게 독이 될 때가 얼마나 많은지 모릅니다. 우리는 아무것도 할 수가 없습니다. 그저 내가 믿는 하나님이 약속의 하나님인 것을 자녀들에게 삶으로 보여야 합니다. 이것이 후손이 잘되는 비결입니다. 하나님께서 내 후손에게까지 언약하십니다. 내가 형편없는 인생임을 고백하며 나아갈 때 나의 자녀를 책임지실 것입니다. 이 약속에 아멘으로 화답하십시오.

◇◇◇◇◇ 자녀가 잘되길 바라며 어떤 기도와 수고를 하십니까. 돈을 쏟고 애정을 쏟아도 밖으로 맴도는 자녀 때문에 슬픈 인생을 살고 있습니까. 내가 하나님을 신뢰하는 만큼 자녀도 내 믿음을 보고

하나님을 알아갑니다.

하나님이 변하시기로 결정하셨다

> 내가 너희와 언약을 세우리니 다시는 모든 생물을 홍수로 멸하지 아
> 니할 것이라 땅을 멸할 홍수가 다시 있지 아니하리라(창 9:11)

하나님께서 홍수로 인류를 심판하시면서 사람이 어려서부터 악하기
에 변하지 않는 것을 아셨습니다. 당신 스스로 나서기 전에는 방법이 없
다는 것을 아셨습니다. 그래서 예수님이 죽기로 결정하셨습니다.

> 내가 너로 여자와 원수가 되게 하고 네 후손도 여자의 후손과 원수가
> 되게 하리니 여자의 후손은 네 머리를 상하게 할 것이요 너는 그의 발
> 꿈치를 상하게 할 것이니라 하시고(창 3:15)

성경의 모든 이야기는 창세기 3장 15절과 연결되어 있습니다. 이것
이 구속사적으로 성경을 보는 것입니다. 우리에게 아무리 발꿈치가 상
하는 것 같은 사건이 와도 여자의 후손이 오시면 사탄의 머리를 칠 것
입니다. 그래서 우리 인생의 모든 문제와 고통은 예수님이 오셔야만 해

결됩니다. 예수님이 오시기까지 여자는 남편을 사모하고, 해산의 고통을 겪어야 하고, 남자는 땀 흘려 수고하는 축복의 벌을 잘 받고 있어야 합니다. 그럴 때 물심판이 아닌, 예수님이 대신 죽으심으로 우리의 죄와 고통의 문제를 해결해 주십니다.

무지개는 하나님의 언약의 증거다

> [12] 하나님이 이르시되 내가 나와 너희와 및 너희와 함께하는 모든 생물 사이에 대대로 영원히 세우는 언약의 증거는 이것이니라 [13] 내가 내 무지개를 구름 속에 두었나니 이것이 나와 세상 사이의 언약의 증거니라 [14] 내가 구름으로 땅을 덮을 때에 무지개가 구름 속에 나타나면 [15] 내가 나와 너희와 및 육체를 가진 모든 생물 사이의 내 언약을 기억하리니 다시는 물이 모든 육체를 멸하는 홍수가 되지 아니할지라 [16] 무지개가 구름 사이에 있으리니 내가 보고 나 하나님과 모든 육체를 가진 땅의 모든 생물 사이의 영원한 언약을 기억하리라 [17] 하나님이 노아에게 또 이르시되 내가 나와 땅에 있는 모든 생물 사이에 세운 언약의 증거가 이것이라 하셨더라(창 9:12-17)

'언약의 증거', '나와 너희와'라는 말씀이 반복됩니다. 자격도 없는 우리에게 오셔서 '너와 나 사이의 언약'이라고 친히 말씀해 주십니다.

죄로 죽을 수밖에 없는 우리, 혈기 있는 생물인 우리와 하나님이 언약을 맺으셨다고 합니다.

말세의 순교는 혈기를 참는 것입니다. 오래 전에 큐티를 하면서 '온 집안 식구가 혈기를 부리는데 나만 끈기로 참고 있구나'라고 써 놨습니다. 그런데 알고 보니 저 역시 혈기로 가득한 죄인인데 오직 하나님이 저를 끈기로 참아 주셔서 여기까지 왔습니다. 혈기 있는, 짐승만도 못한 나에게 하나님이 오셔서 언약을 맺으시니 이게 웬 은혜인지 모르겠습니다.

하나님은 구름으로 땅을 덮을 때 무지개를 주신다고 합니다. 이방 신화에서도 무지개를 활(케세트)이라고 해서, 이 활을 하늘에 걸어둠으로써 전쟁이 없는 평화의 상태를 유지한다고 해석합니다.

'구름으로 땅을 덮는다'는 구절은 장애물로 개입한다는 의미입니다. 하나님은 고난의 구름 뒤에 항상 무지개를 준비하십니다. 구름이 짙을수록 무지개는 더 찬란합니다. 고난이 극심할수록 용기를 북돋워주시는 하나님의 위로가 넘칩니다. 하나님께서 '내 무지개'를 구름 속에 두었다고 하십니다.

무지개의 사전적 의미는 '공중에 떠 있는 물방울이 햇빛을 받아 나타나는, 반원 모양의 일곱 빛깔의 줄'입니다. 무지개가 나타나기 위해서는 반드시 햇빛과 비가 오게 하는 구름이 있어야 합니다. 말씀의 빛과 고난의 구름은 늘 함께합니다. 고난도 없이 믿음이 좋은 사람은 없습니다. 내 어두운 고난 때문에 무지개가 환히 빛나기 때문입니다.

저마다 고난이 달라도 말씀의 광선이 비추이면 찬란히 빛납니다. 고난이 많을수록, 또 고난을 겪는 여러 사람이 함께 어우러질수록 더 아름답고 고귀한 무지개가 될 것입니다.

노아의 가족이 비바람만 봐도 그 무서웠던 심판이 떠올라 가슴이 콩닥거리지 않았을까요? 그러나 하나님의 약속의 증거인 무지개를 보았을 때 그 마음이 평안해졌을 거라 생각합니다. 창세기 9장의 주제는 '생육, 번성, 충만'입니다. 홍수로 쓸어버림을 당한 것같이 부도가 나고 가족관계가 무너지고 애인이 변심을 해도, 지금 이 순간에 하나님께서 내게 원하시는 절대치의 '생육, 번성, 충만'이 있습니다. 이것에 이르기 위해서는 내 지금 사건을 통해 잘 양육 받아야 합니다. 구름이 드리운 캄캄한 환경이지만 곧 무지개가 뜰 것이라 믿으며 나아가야 합니다. 무지개는 십자가입니다. 홍수로도 변하지 않는 인간을 구원하시기 위한 하나님의 결정입니다. 이 십자가를 보고도 돌아오지 않는 사람에게는 어쩔 수 없이 불심판이 기다립니다.

◇◇◇◇◇ 짙은 구름 같은 어려움과 고난을 겪었습니까. 그 고난의 간증을 하나님께서 주신 은혜와 축복의 증거로 사용하고 있습니까.

우리들교회 목장에서 S대 출신인 엘리트들이 '2만 원'을 주제로 나눔을 했습니다.

어제 사업상 알게 된 깍두기(조폭)한테서 2만 원을 받았다. 사무실이 아니라 밖에서 보자 하길래 대중교통을 이용해서 약속 장소로 갔다. 5시간 동안 자기들 돈을 빌려서 자기들 지분을 인수하라고 요구했다. 같은 얘기만 계속 반복되어 나오려고 하는데 버스 타고 왔으니 택시 타고 가라고 2만 원을 줬다.

이 형제가 학력고사 전국 수석을 하면서 목장 참석을 우습게보다가, 사업이 경제적으로 어려움을 겪으니 2만 원이 없어서 목장에서 얼마나 은혜를 끼치는지 모릅니다. 또 다른 S대를 졸업한 금융계 엘리트 집사님의 나눔은 이렇습니다.

며칠 전에 아내가 반지를 팔아서 2만 원을 주었다. 몇 년 전 경제적 어려움을 겪었을 때 이미 결혼 패물을 팔았었고, 미안한 마음에 작년 생일에 사준 반지였다. 그리고 회사에 출근했더니 자금 담당 직원이 회사에 남은 마지막 돈이라며 차비라도 하라며 돈을 주었다. 이런 막다른 상황에서 갑자기 다른 회사에서 나에게 일을 맡겨 계약이 성사되고 다음 주 월요일이면 돈이 들어오게 되었다. 이런 일련의 상황이 감사하기도 했지만 자괴감이 들면서 내가 할 수 있는 일이 아무것도 없다는 생각이 들었다. 나 스스로 잘났다고 생각하고 있었는데, 돈이 다 떨어지고, 나를 신뢰하던 대표이사가 실망하는 상황까지 이르렀을 때에 계약이 체결되니 정말 내가 할 수 있는 일이 아무것도 없다는 것을 깨달았다.

부인의 말로는 남편이 너무나 많이 달라졌답니다. 그 동안은 "너"라고 하다가 이제는 "집사님"이라고 부른답니다. 기도 부탁도 하고 함께 기도했더니 응답도 받으셨다고 합니다. 내가 금그릇일 때는 예배가 목적이 되기 어려운데, 환경 때문에 질그릇이 되자 이 똑똑한 두 사람이 2만 원 때문에 목장에서 나눔을 합니다. 너무나 은혜가 됐습니다.

무지개 언약은 영원한 약속의 자녀로 삼으시겠다는 표시입니다. 심판이 아닌 사랑으로 다스리겠다고 우리에게 증거로 무지개를 보여 주셨습니다. 먹구름 속에서 찬란히 빛나는 무지개처럼, 우리의 고난이 말씀으로 해석되어 찬란히 빛나게 될 것입니다. 하나님이 친히 오셔서 나를 언약의 당사자로 삼으셨습니다. 그리고 하나님이 우리의 구원을 이루어 가실 것입니다.

말씀으로 기도하기

인간이 어려서부터 악한 존재이기에 약속을 지키기가 어렵습니다. 죄인인 나와 너 사이에 하나님이 계셔야만 약속을 지킬 수 있습니다.

하나님의 언약은 내 후손까지 책임지십니다.(창세기 9:8-10)

홍수로 쓸어버림을 당한 자리에서 '너희와 너희 후손들, 함께한 모든 생물'까지 책임지겠다고 언약을 주십니다. 고난 속에서도 말씀을 붙잡을 때 나와 내 자녀, 후손까지 지켜주시는 것을 믿고 감사드립니다.

하나님의 언약은 우리를 위해 죽어주시는 사랑입니다.(창세기 9:11)

인간이 심판으로는 변하지 않는 것을 아시고, 다시는 홍수로 심판하지 않겠다고 약속하십니다. 심판이 아닌 십자가의 사랑으로 죄와 고통의 문제를 해결하시는 하나님을 찬양합니다. 죽어지는 사랑으로 나도 변하고 내 옆의 사람을 감동시키기 원합니다.

언약의 증거로 무지개를 주십니다.(창세기 9:12-17)

구름으로 땅을 덮을 때, 어두움과 고난 가운데 무지개는 더욱 찬란하게 빛납니다. 가지가지인 나의 많은 고난이 어우러지고, 고난당하는 우리들이 어우러져서 더 아름다운 무지개가 되는 것을 믿습니다. 죄와 수치의 인생에서도 약속의 하나님을 기대하며, 내 죄를 회개함으로 찬란한 무지개로 빛나게 하소서.

우리들 묵상과 적용

　저는 불신가정에서 태어났습니다. 제가 태어난 지 두 달만에 6.25가 발발했는데 그 당시 전문학교 졸업반이셨던 아버님이 학교가 궁금하다며 나가신 후 행방불명 되셔서 저는 홀어머니 밑에서 성장했습니다.

　어머니는 유난히 일류 학교에 대한 집착이 강한 분이셨습니다. 그래서 자식들 공부에 온갖 치맛바람을 일으키셨고 저는 그런 어머니 덕분에 일류로 가는 대열에 끼게 되었습니다. 그러나 편모슬하에서 외가의 도움으로 생활했던 저는, 평상시에는 착한 사람처럼 보였지만 부잣집 친구들과 비교하는 열등감으로 술만 먹으면 평소에 품었던 불만을 터뜨리고 누군가에게 시비를 거는 이중적인 사람이었습니다.

　결혼 전 아내는 교회에 나와야 결혼하겠다고 했지만 저는 차라리 내 주먹을 믿으라고 큰소리를 쳤습니다. 그러나 주일에 교회 봉사로 만날 수 없는 아내를 보기 위해 제 스스로 교회를 찾게 되었고 그때부터 저의 교회 생활이 시작되었습니다. 하지만 저는 교회에 가서 적당히 봉사하고 헌금하며 술, 담배를 끊는 것이 믿음인 줄 알았습니다.

결혼 후 순탄하게 직장생활을 하던 중 갑자기 베트남 공장의 책임자로 발령 받았습니다. 회사가 힘들 때 많은 유익을 끼쳤는데 나이가 드니 홀대하는 것 같아 서운했고, 열악한 베트남 생활과 공장 관리를 해 본 적이 없어서 불만스럽기만 했습니다. 그러다 얼마 후 구조조정으로 쫓겨나게 되었고 저의 긴 실직생활이 시작되었습니다. 처음에는 곧 직장을 구할 줄 알았는데 생각처럼 쉽지 않았습니다. 얼마나 취업을 원했는지 그 당시 큐티 본문이었던 욥기의 영문명이 알파벳으로 JOB인 것을 보고 혹시 이 본문을 묵상하는 동안 직장을 주시지 않을까 하는 생각까지 했었습니다. 그런데 하나님은 이 기간 동안 교회의 모든 양육 프로그램을 거치게 하시며 저희 집안에 흐르던 일류병의 교만을 낮추셨고, 저를 목자로 세워 주셨습니다.

남자에게 주신 축복의 벌이 땀 흘리며 일하는 것인데 일을 할 수 없게 된 저는, 그 어느 때보다 마음이 곤고해져 하나님 외에는 매달릴 데가 없었습니다. 1부와 2부 예배를 드리며 목사님 말씀을 들었고, 목자 직분에 목숨을 건 사람처럼 일주일 내내 그 말씀을 듣고 또 들은 것을 요약해서 목장예배를 드리며, 예배가 목적인 인생으로 회복되었습니다.

그러면서 노인요양보호사에 대해 알아보기도 했고, 고령자를 위한 실버 박람회를 찾아가 기초생활수급자 자녀들을 대상으로 하는 과외교

사 자리에 이력서를 제출하기도 했습니다. 그러던 중에 제가 30년 전에 모셨던 사장님에게서 뜻밖의 전화를 받게 되었습니다. 사장님은 저를 여기저기 수소문해서 찾으셨다며 만나자고 하셨고, 저의 형편을 들으신 후 다시 일해 보자고 하셨습니다. 저는 정말 알 수 없는 곳에서 도움의 손길을 보내 주시는 하나님께 감사드리며 기쁜 마음으로 그 곳에서 일하게 되었습니다.

비록 작은 월급이지만 아침이면 출근할 곳과 점심 한 끼를 해결할 수 있는 것으로도 감사합니다. 제가 일하는 직장의 사장님 연세가 86세, 부사장님 81세, 상무님 75세, 실장님 76세로 평균연령이 80세입니다. 자수성가로 돈을 버신 사장님께서 급료를 아끼려고 나이 많은 분들만 채용하셨기 때문입니다. 그러나 저는 실직의 곤고함을 겪으며 말씀으로 양육을 받아서인지 노인들만 계신 직장 환경도, 까다로운 사장님도 그저 감사하기만 합니다.

아무리 어려운 환경이 와도 하나님을 의지하지 않고 인맥이나 학벌로 해결하려 했고, 착한 사람으로 인정받는 것이 믿음인 줄 알았던 저를, 실직의 캄캄한 먹구름 속에서 영육 간에 찬란히 빛나는 무지개 언약 백성으로 생육 번성케 하시는 하나님께 감사드립니다. 아이들에게 남겨줄 유산은 없지만, 약속의 하나님이신 것을 날마다 자녀에게 보여주는 믿음의 조상이 되어, 우리 아이들도 언약의 후손이 되길 원합니다.

◇◇◇◇

기도

하나님 아버지, 언약의 당사자가 될 자격이 없는 우리에게 일방적으로 찾아와 언약을 맺으시니 감사합니다. 다시 시작해야 하는 인간에게 복을 주시고 두려워하지 말라고 무지개 약속을 주시니 감사합니다. 고난의 구름이 짙어 소망이 보이지 않고, 살 수가 없고, 포기하고 싶습니다. 주님, 그 고난 뒤에 준비해 두신 무지개를 볼 수 있게 하옵소서. 노아 가족이 비바람만 봐도 무서웠던 심판이 떠올라 가슴이 철커덕 내려앉았지만 주님께서 준비하신 무지개를 보고 평안했을 것처럼 심판의 고난으로 힘든 지체들에게 찾아와 주시고 지금 내 사건을 통해 잘 양육받게 하옵소서.

우리의 환경에서 끝까지 살아남아 하나님께 영광 돌리게 하옵소서. 어떤 환경이든지 살아줘서 감사하고, 살아 있어서 감사합니다. 왜냐면 돌아올 기약이 있기 때문입니다. 그러므로 내가 주님처럼 죽어지고 썩어지는 밀알이 되기 원합니다. 산다는 것이 황홀하다는 그 고백이 우리에게서 나오게 하옵소서. 무지개 언약으로 찾아와 주시옵소서. 아버지 품으로, 가정 중수의 품으로 돌아오게 도와 주시옵소서. 예수님의 이름으로 기도합니다. 아멘.

part
3

살아 있는
날의
은혜

chapter 9

세상의 화려한 장막이 아니라
여호와의 장막 안에 거하게 하옵소서.
그 구체적인 적용의 말씀을
들려 주옵소서.

여호와의
장막에 거하게
하소서

저는 안채와 바깥채가 있는 시댁에서 살았습니다. 그 넓은 집에 살면서 날마다 반짝반짝 닦고 걸레질하는 것이 일과였습니다. 즐겁게 일하면 좋았겠지만 저는 어떻게 하면 이 집을 나갈까만 생각했습니다. 아무리 거처가 화려해도 마음이 불편하면 단칸방에서 맘 편히 사는 것만 못합니다.

하나님은 무지개 언약을 통해서 우리가 여호와의 장막에 거하기를 원하십니다. 그런데 본질상 우리는 여호와의 장막에 거할 수가 없습니다.

노아와 함을 통해서 죄가 계속됨을 볼 수 있습니다.

> ¹⁸ 방주에서 나온 노아의 아들들은 셈과 함과 야벳이며 함은 가나안의
> 아버지라 ¹⁹ 노아의 이 세 아들로부터 사람들이 온 땅에 퍼지니라(창
> 9:18-19)

창세기 1장과 9장에서 나온 생육, 번성, 충만의 명령이 노아의 세 아
들로부터 성취되었습니다. 되는 것이 없는 것 같아도 약속만 붙잡고 가
니 온 인류가 노아 자손으로 퍼지게 되었습니다.

> ²⁰ 노아가 농사를 시작하여 포도나무를 심었더니 ²¹ 포도주를 마시고 취
> 하여 그 장막 안에서 벌거벗은지라(창 9:20-21)

그리고 또한 타락이 시작되고 있습니다. 본질적 죄인의 유형이 무엇
입니까?
첫째, 노아를 통해서 환경에 장사가 없다는 걸 보여 주십니다.
노아가 마시고 취하여서 벌거벗었습니다. 죄는 점진적으로 진행됩니
다. 술을 마시고 이어서 취하게 되고, 결국 벌거벗게 되었습니다. 노아
가 장막 안에서 벌거벗었는데, 여기의 장막은 개인용으로 삼인칭 단수

를 붙여서 '그 장막'입니다. 다른 사람 눈을 피해서 개인용 장막에 틀어박혀서 술에 탐닉했다는 뜻입니다.

당대에 완전한 자요 의인인 노아가 술에 취했습니다. 왜 취했을까요? 이것을 찾아보는 게 묵상입니다. 벌거벗고 있었다는 것은 육신의 정욕이 무너진 것을 의미합니다. 노아의 세 아들로부터 사람들이 온 땅에 퍼졌으니 홍수가 끝나고 시간이 한참 지났습니다. 그런데 노아는 술에 취해서 벌거벗었습니다. 일차적으로 술이 문제입니다. 술에 취하면 온갖 범죄가 일어나니 술 취하지 말자고 합니다. 그러나 이것이 주제는 아닙니다. 그것은 성경을 윤리적으로 읽는 것입니다.

탈무드에 '악마의 최초의 선물' 이야기가 있습니다. 이 세상 최초의 인간이 포도나무를 심고 있었습니다. 이때 사탄이 찾아왔습니다. 사탄은 포도나무 열매 즙을 마시면 무척 행복해질 거라고 하면서 자기도 꼭 끼워 달라고 부탁했습니다. 사탄은 인간이 잠든 틈을 타서 양과 사자와 원숭이와 돼지 피를 거름으로 주었습니다. 그래서 술을 마시기 시작할 때는 양처럼 순하다가 조금 더 마시면 사자처럼 사나워지고, 더 마시면 원숭이처럼 춤추고 노래 부르며, 더 마시면 돼지처럼 지저분해지는 것입니다. 노아도 벌거벗고 장막에서 골아 떨어졌습니다. 양처럼 순하다가 사자처럼 부끄러운 것도 모르고 원숭이처럼 벌거벗은 처지가 되었습니다. 악은 모양이라도 버려야 하고 사소한 것이라도 취하면 안 됩니다.

노아는 왜 취했을까요? 그는 절대치의 생육, 번성, 충만한 삶을 살 줄 알았습니다. 그는 500년 동안 아들이 없었으며, 극심한 생활고에 시달리다가 120년 동안 방주 짓고 1년 동안 홍수의 괴로움 속에 있다가 나왔습니다. 이렇게 어마어마한 고난을 겪은 후 밖으로 나와 홍수 후의 폐허를 다 일구었습니다. 홍수 후에 350년 동안 살면서 무지개 확증으로 홍수 걱정 없이 살았습니다. 그렇게 무시하고 조롱하던 사람도 없으니 허벅지를 꼬집어도 저절로 영적 교만이 생깁니다. 나는 고생했으니까 누릴 자격이 있다고, 그래서 한두 잔 하다 보니까 전혀 알지 못했던 기쁨일세, 이렇게 됩니다.

먹고살 걱정 없고, 괴롭히는 사람도 없고, 시간도 많이 흐르니 환경에 장사가 없습니다. 육신의 정욕을 이기지 못합니다. 다윗도 사울과의 싸움은 이겼지만 밧세바 사건에서 무너지고, 인구조사를 통해서 이생의 자랑에 무너졌습니다. 그래도 하나님은 그를 사랑하셔서 치부를 드러내십니다. 치부를 드러내시는 것이 축복입니다. 노아가 완전했던 것은 하나님의 은혜였습니다. 하나님을 바라볼 수밖에 없는 것이 은혜입니다. 내 것이 생기고 살 만하면 타락하게 됩니다. 인간은 누구도 선할 수 없습니다.

홍수 후에 노아가 삼백오십 년을 살았고(창 9:28)

성경은 노아가 홍수 후에 350년을 살았다고 짧게 언급했습니다. 350년 동안 기록할 만한 일이 없는 것입니다. 실수하고 술에 취한 것만 초점을 맞추어서 홍수 후에 '노아가 있었다' 외에는 할 말이 없었습니다.

　다윗이 밧세바 사건 이후 사탄에게 격동되어 인구조사를 해서 7만 명이 죽었습니다. 사무엘하 24장 마지막이 죄 이야기로 끝납니다. 노아도 죄 이야기로 끝났고 다윗도 그렇습니다. 죄로 똘똘 뭉쳐 있기에 죄 짓는 환경이 되면 누구도 예외가 없습니다. 노아, 다윗 등 예수님의 조상이 이렇다면 다른 사람도 그렇다는 걸 인정해야 합니다. 그런데 윤리 도덕으로 다른 사람을 판단하면 되겠습니까. 내가 잘난 것이 없고 은혜로 선한 것인데 말이 안 되는 사람과 말도 하기 싫은 악함이 있습니다.

　환경에 장사가 없어서 힘든 사람만 저를 좋아합니다. 의인은 없나니 하나도 없음을 인정해야 합니다. 어느 여자 집사님이 목장에서 이런 나눔을 했습니다.

　남편이 부도낸 죄로 7년간 안 들어오다가 집에 들어와서는 수입도 없이 정신적으로 더 힘들게 했습니다. 저는 친정 엄마 분식집에서 일했는데 엄마가 교회 못 가게 욕을 하고 핍박을 해서 갖은 고난을 겪었습니다. 그때는 빚지지 말라는 말씀에 순종해서 대출을 받아서 집을 얻을 수도 있었지만 단칸방에서 온 식구가 지냈습니다. 분식집을 접을 때도 폐업예배를 드리고 말씀을 적용하고 살았습니다. 지금은 환경이 좋아져서 집도 있습니다. 그 집을 살 때 작은 집을 살 수도 있었지만 더 큰 집을 사고 싶어서 대출을 받았다가 요즘 자금난에 부딪혔습니다.

이 집사님이 어려운 시절엔 저를 너무 좋아하다가 지금은 저만 보면 피해 다닙니다. 잘 먹고 잘살게 되니까 남편에 대한 애통도 없고, 아이들도 공부 잘하는 아들은 안 데려오고 딸만 데려옵니다. 환경에 장사가 없습니다. 어쩌면 좋습니까.

둘째, 함을 통해서 상처가 끈질기다는 걸 볼 수 있습니다.

> 가나안의 아버지 함이 그의 아버지의 하체를 보고 밖으로 나가서 그의 두 형제에게 알리매(창 9:22)

함은 가나안의 아버지입니다. '하체를 보고'는 그냥 쳐다본다는 의미를 넘어서 구체적인 목적으로 살피고 즐기면서 보는 것을 말합니다. 우연히 본 것이 아니고 부정적 시선으로, 악의적으로 즐기면서 봤다는 말입니다. 노아가 술에 취한 것도 기막힌데 함이 하체를 본 것도 기가 막힙니다. 아버지의 권위와 인격을 생각하지도, 그간 고생한 아버지를 존경하지도 않고 아버지의 잘못을 조롱하면서 악의적으로 즐기는 죄입니다.

'알리다'는 것은 '누설하다, 배반하다, 솔직하다'는 뜻입니다. 객관적인 사실이니까 솔직히 말한 것이라 생각할 수 있지만 그게 아닙니다. 구속사적으로 생각해야 합니다. 아버지의 상황을 비밀스러운 일 해석하듯이 자세하게 말하면서 공개했다는 것입니다. 아버지에 대한 연민 없이 형제들까지 죄에 동참시켜서 과장하면서 떠벌린 것입니다. 방주에서 1년을 지내면서 같이 고생했는데 어떻게 배반할 수 있습니까?

왜 함이 이럴까요? 아버지에게 무슨 상처가 있었을까요? 아버지에게 가난을 물려받았으니 함도 아버지에게 상처가 있었을 것입니다. 힘든 아버지 밑에서도 감당을 잘하는 자녀가 있는가 하면, 좋은 아버지 밑에서도 상처 잘 받는 자녀가 있습니다. 극심한 생활고에서 노아가 방주 짓느라 바쁘니까 아버지가 우릴 쳐다보기나 했냐고 하는 자녀가 있을 수 있습니다. 노아는 생활고가 해결되니까 술과 음란으로 나타나고, 아들은 상처로 나타납니다.

집집마다 문제가 있어도 큰일이 터지면 다 하나가 됩니다. 그런데 큰 사건이 해결되고 편해지면 네가 그때 나한테 어쨌네 저쨌네 하면서 싸웁니다. 자녀들이 아버지를 배반하고 고소하고 싸우는 모든 일은 욕할 일이 아닙니다. 문제아는 없고 문제 부모만 있기 때문에 함이 악하다고 욕할 일이 아닙니다.

C.S 루이스는 《영광의 무게》에서 이렇게 말했습니다.

"오늘날 선량한 사람 스무 명을 찾아서 최고의 미덕이 무엇이라고 생각하는지 묻는다면, 그중 열아홉은 '비이기심(Unselfishness)'이라고 답할 것입니다. 하지만 과거의 위대한 그리스도인들에게 같은 질문을 던졌다면, 거의 대부분은 '사랑'이라고 답했을 것입니다. 비이기심이라는 소극적 이상을 가진 사람은 다른 사람에게 좋은 것을 주는 일이 아니라 내가 좋은 것 없이 지내는 일에 주로 관심을 보입니다. 다른 사람의 행복이 아니라 나의 금욕이 중요한 일인 것처럼 말입니다. 이것은 기독교에서 가르치는 사랑과 다릅니다. … 그리스도를 좇기 위해 자기를 부인

하고 자기 십자가를 지라고 합니다. … 우리는 무한한 기쁨을 준다고 해
도 술과 섹스와 야망에 집착하는 냉담한 피조물들입니다."

우리가 천국 백성이라면 천국을 갈망해야 하는데 노아도 함도 천국
에 대한 갈망이 세상으로 향했습니다. 정반대의 대상으로 인간이 갈망
을 채우려 한다는 것입니다.

그래서 각 사람 안에 있는 갈망의 비밀에 우리는 "향수, 낭만, 청춘
같은 이름을 붙입니다. … 그것이 너무나 달콤하기에 숨기고도 싶고 말
하고도 싶지만 숨길 수도 말할 수도 없는 비밀입니다. 말할 수 없는 이
유는 그것이 우리가 한 번도 실제로 경험해 보지 못한 대상에 대한 갈
망이기 때문입니다. 숨길 수 없는 이유는 우리의 경험이 끊임없이 그것
을 암시하고 있고, 마치 상대의 이름만 들어도 표정을 감출 수 없는 연
인처럼 그 갈망이 부지중에 드러나기 때문입니다. 그래서 우리가 흔히
쓰는 편법은 그 대상을 '아름다움'이라 부르고 그것으로 문제가 모두
끝난 것처럼 행동하는 것입니다. … 하지만 이 모든 시도는 다 속임수에
불과합니다. … 우리가 어떤 책이나 음악 안에 아름다움이 놓여 있다고
생각하고 거기에 기대를 걸면 결국 배신당하고 말 것입니다. 아름다움
은 책이나 음악 안에 있는 것이 아니라 그것들을 통해 주어졌을 뿐이며
그 실체는 결국 갈망입니다."

C.S 루이스의 말에 공감합니까? 육신의 정욕으로 힘이 들고 이생의
자랑으로 괴롭고 시기가 납니까? 그래서 약점을 후벼 파고 싶습니까?
같이 고생한 부부가 배반하고 지체가 배반했습니까? 부모가 이혼해서

버림받았습니까? 그렇다고 날 버렸다는 생각에 젖어서 다른 사람을 찌르면 죄입니다. 그것은 부모의 죄이기도 하고 내 죄이기도 합니다. 부모의 죄라고 상관없는 게 아닙니다. 나의 고난을 알아줬다고 상처가 아물지는 않습니다. 상처는 내 힘으로 아물 수 없고 그래서 본질적으로 여호와의 장막에 거할 수 없는데 무지개 언약을 베푸시고 책임지겠다고 하셨습니다.

◇◇◇◇◇   요즘 어떤 것에 취해 있습니까. 돈이 있으니 쇼핑에 취하고, 건강이 있으니 골프에 취하고, 사람이 있으니 만남에 취합니까. 돈과 건강과 사람에 대한 상처 때문에 더 집착하고 매달립니까. 부모로서 끊어야 할 죄가 무엇인지, 자녀로서 극복해야 할 상처가 무엇인지 말씀 안에서 깨닫고 적용하십시오.

그럼에도 불구하고 하나님은 죄를 가려 주신다

> 셈과 야벳이 옷을 가져다가 자기들의 어깨에 메고 뒷걸음쳐 들어가서 그들의 아버지의 하체를 덮었으며 그들이 얼굴을 돌이키고 그들의 아버지의 하체를 보지 아니하였더라 (창 9:23)

그들은 옷을 어깨에 메고 뒷걸음쳐 들어갔습니다. 그리고 옷으로 아버지의 하체를 덮고, 얼굴을 돌이켜 아버지의 하체를 보지 않았습니다. 이 구절의 원어는 계속되는 용법으로, 듣자마자 즉시 사태를 수습하고, 조심스럽게, 단계적으로, 함의 이야기에 맞장구치지 않고, 허물을 덮어 주고, 일부러 보지 않고, 사고 후에도 대신 처리해 주었음을 말합니다. 이것이 사랑입니다. 비이기심과는 다릅니다. 이것이 구원의 장막으로 인도합니다.

죄를 가려서 용서해 주셨습니다. 우리들교회는 수치를 오픈하는데 '가려졌다'는 건 무슨 뜻일까요. 주 안에서 수치를 오픈할 때 영적으로 가려 주신다는 뜻입니다. 무조건 허물을 덮어 주라는 말이 아닙니다. 때에 맞는 적용을 해야 합니다. 모든 사람을 다 사랑할 수는 없습니다. 신천지, 여호와의 증인을 사랑할 수 없습니다. 우리가 연약하기 때문에 때에 안 맞는 사람, 이단에 속한 사람은 한두 번 훈계한 후에 멀리 해야 합니다. 이단도 사랑하려고 하면 안 됩니다. 잘라야 될 건 자르고 사랑해야 될 건 사랑해야 합니다. 말씀을 안 보고 큐티를 안하면 누구를 만나야 하는지 분별이 안 됩니다. 지혜 중의 지혜가 여호와를 경외하는 것인 줄 믿습니다.

◇◇◇◇◇ 하나님께서 가려 주신 죄와 수치가 있습니까. 회개함으로 나의 죄를 고백할 때 영적으로 덮어 주고 격려해 주는 공동체가 있습니까.

여전히 사랑하기에 구원의 장막에 거하게 하신다

> 노아가 술이 깨어 그의 작은 아들이 자기에게 행한 일을 알고(창 9:24)

노아가 술이 깼습니다. 그리고 함이 행한 일을 알고 사건의 전모를 철저하게 파악했습니다. 그런데 그때부터 자녀에 대한 저주를 퍼붓습니다.

> 25 이에 이르되 가나안은 저주를 받아 그의 형제의 종들의 종이 되기를 원하노라 하고 26 또 이르되 셈의 하나님 여호와를 찬송하리로다 가나안은 셈의 종이 되고 27 하나님이 야벳을 창대하게 하사 셈의 장막에 거하게 하시고 가나안은 그의 종이 되게 하시기를 원하노라 하였더라(창 9:25-27)

가나안은 그의 형제의 종들의 종이 되기 원한다고 합니다. 가장 낮고 천한 종입니다. 이 말이 이루어져서 가나안은 정복전쟁 때 이스라엘의 노예가 되고, 솔로몬 시대에 노예가 되고, 흑인 노예로 최근까지 시달렸습니다. 종의 종은 명령이고 미완료로 종의 상태가 지속될 것을 의미합니다.

'셈의 하나님 여호와를 찬송하리로다' 했는데, 셈은 말씀에 순종한 자이고 무지개 언약 당사자니까 셈의 하나님 '여호와'라는 말을 붙였습니다. 여호와는 언약의 하나님이시기에 창세기 3장 15절 여인의 후손 예수님의 계보가 노아의 타락 중에도 셈을 통해 이어진다는 뜻입니다. 이렇게 셋에서 셈으로 이어집니다.

또 '야벳을 창대하게 하사'라고 했습니다. 야벳의 '여호와'가 빠졌습니다. 세속적 축복을 강조했습니다. 그래서 야벳의 후손은 인도, 유럽, 아메리카 대륙까지 널리 퍼졌습니다. 다시 말하면 예수님이 셈의 가계에서 태어나심으로 기독교가 탄생했고, 바울이 유럽에 전도함으로 유럽 중심으로 복음이 확산됐습니다. 야벳이 영적 축복의 주체는 아니지만 하나님께서 셈의 복을 함께 누리게 하셨습니다.

노아의 예언이 다 이루어졌습니다. 하나님은 시공을 초월해서 전지전능하신 분임을 알려 주십니다. 우리가 말씀을 통해서 인도 받은 것은 영원토록 자녀들에게도 이루어질 것입니다. 그리고 노아가 향년 950세에 죽었습니다.

> [28] 홍수 후에 노아가 삼백오십 년을 살았고 [29] 그의 나이가 구백오십 세가 되어 죽었더라(창 9:28-29)

누구나 다 죽습니다. 이 땅에서 구원의 장막에 거해야 천국에 갈 수 있으니까 노아도 우리도 구원의 장막에 거해야 합니다.

윤리적으로 보면 어떻게 노아가 손자까지 저주했는지 해석하기 어렵습니다. 이것을 잘못 해석하면 '술 취하지 말자'밖에 교훈 얻을 게 없습니다. 술 취하지 말아야 되겠지만 왜 노아가 자녀를 저주했겠습니까. 사실 홧김에 저주한 게 아니라 노아가 고난을 통해서 영적인 안목이 생겨서 자식을 객관적으로 분별한 것입니다. 자식을 미워하는 게 아닙니다. 셈은 예쁘고 함은 미운 게 아닙니다.

창세기 49장에 보면, 야곱이 열두 아들에게 예언하는 장면이 나옵니다. 첫째 르우벤은 아버지의 침상을 더럽혔고, 둘째 시므온과 셋째 레위는 저주를 받고, 넷째 유다는 형제의 찬송이 될 거라고 했습니다. 셈도 유다와 동일하게 형제의 찬송이 된다는 예언을 받았습니다. 바라크의 수동분사형으로 '찬양하다, 기원하다'는 뜻입니다.

이렇게 자녀에게 이야기했는데 그대로 이루어졌습니다. 야곱의 영성은 자녀를 객관적으로 보았다는 것입니다. 자녀를 영적으로 보는 눈이 있기 때문에, 열두 지파가 다 이스라엘의 대표 지파가 됐습니다. 미움 받고 저주 받아서 지옥 가는 게 아니라 다 구원의 장막에 들어갈 아들인데 실수투성이이고 약하고 육적인 복을 누리는 아들이 있고, 안 그런 아들도 있는 것입니다. 노아 자신도 실수했으면서 자기 마음대로 자녀를 축복하고 저주하는 것 같아도 이 모두가 셈의 장막, 즉 여호와의 장막에 거한다는 사실입니다.

저주받은 가나안은 셈의 종이 되고, 야벳은 셈의 장막에 거하게 하십니다. 셈의 장막이 예수 그리스도의 장막, 여호와의 장막, 구원의 장막입니다. 실수로 비천한 종이 될지라도, 축복으로 정복자가 되어도 결론은 모두 셈의 장막에 거하게 하신다는 것입니다. 어떤 상황에서라도 후손의 복을 주신다고 했기 때문에 모두 구원의 장막으로 인도하십니다.

역할을 따지면 안 됩니다. 천년을 잘살아도 안 믿으면 지옥 가고, 이 땅에서 종의 종노릇을 해도 셈의 장막에 거하면 구원의 장막에 거하는 것입니다. 그 대표적인 예가 기브온 족속입니다. 가나안 정복 전쟁 때 이스라엘의 종이 되어서 나무 패고 물 긷던 그들이었지만 바벨론 포로 생활 후 귀향 행렬 명단에 찬란하게 그 이름이 올라갔습니다. 내 역할이 험악해도, 천년 동안 종노릇하고 종의 종 노릇을 해도 구원의 복음은 누구에게도 차별이 없습니다.

종의 종이 된다는 것이 가슴 아픈 처방이라고 해도 최고의 축복입니다. 아프게 이야기해도 사랑해서 하는 이야기입니다. 하나님은 인종, 남녀노소, 빈부 차별하지 않으십니다. 구원의 장막으로 가는 방법, 장소, 위치와 신분이 달라도 역할만 잘 감당하면 모두가 구원의 장막에 이른다는 하나님의 계획입니다.

노아가 잘나서가 아니라 긍휼히 여기셔서 구속사의 주인공으로 삼아주셨습니다. 종의 종노릇해도 여호와의 장막에 거하는 것이 인생의 목표와 소망이 돼야 합니다. 최고의 축복은 예수 그리스도를 내 구주로 영접하고, 사명 때문에 와서 사명 때문에 살다 가는 셈이 최고이지만, 천국에 가면 역할의 차이만 있지 누가 더 대단하다는 그런 건 없습니다. 그 역할 때문에 저 사람은 좋고 저 사람은 나쁘다는 말을 하지 마십시오.

우리가 예배에 목숨 걸고, 말씀이 들리는 구조 속에 있으면서 눈물 흘리고 가면 술도 못 끊고 죄가 거듭된다고 할지라도 믿음 붙잡고 갈 때 우리 모두가 구원의 장막에 거할 줄 믿습니다.

우리들교회에 도박 박사들이 모인 목장이 있습니다. 이 목장은 도박이 전공입니다.

그 중 한 분은 천만 원 투자해 다 잃고, 또 잃고, 다섯 번에 걸쳐서 1억을 날리고, 본전 찾겠다고 찾아갔다가 6개월 만에 5억 8천만 원을 날렸다고 합니다. 그러니까 자기 정신이 아닐 수밖에 없습니다.

사탄은 나에게 속삭였습니다. 7층 아파트에서 뛰어내려라, 죽어버려라. 미쳐서 날뛰는 나를 위해 아내가 계속 기도했어도 무시하고 업신여겼습니다. 그런데 6개월 만에 5억 8천을 잃고 나서는 아내가 좋은 교회가 있다고 해서 부산에 있는 교회에 갔습니다. 지하실에서 오갈 데도 없이 기도하고, 회개하고, 그렇게 많이 울어본 일이 없을 정도로 울었습니다. 사람들이 보든지 말든지 길을 걸으면서 울고 또 울었습니다, 그래서 쉼을 얻고 순천, 벌교 기도원으로 수양관으로 기도하면서 살았습니다.

그 목장에 또 다른 도박의 달인 부목자가 있습니다. 부목자는 20대부터 일을 마친 후 도박을 했는데, 밤을 새워서 해도 너무 재미있다고 합니다. 사실 어려서부터 부모님께 눌린 걸 해소하느라 도박에 빠졌는데 자존감이 낮고 열등감이 심해서 그랬던 것 같다고 스스로 해석했습니다.

도박의 달인 집사님이 말했습니다.

예전에는 무지개를 호화찬란한 것으로만 인식하다가 무지개 설교를 듣고 은혜 받았습니다. 예배드릴 때는 말씀으로 살아야지 하는데 세상에 나오면 또 넘어집니다. 설교 후에 목사님이 무지개 약속을 붙잡고 중독을 끊고 싶은 사람은 일어나라고 할 때 스스로 일어났습니다. 아내가 찔러도 안 일어나던 내가 내 힘으로는 끊을 수 없는 중독을 주님 손잡고 끊고 싶어서 일어났습니다.

그리고 5억 8천만 원 잃은 집사님은 이런 나눔을 했습니다.

무지개 언약 말씀을 듣던 중에 많은 은혜를 받았습니다. 나는 고집이 강하고 의지가 세서 누가 떠밀어도 안 일어나는데 그날은 벌떡 일어났습니다. 수많은 표적과 이적으로 여기까지 왔습니다. 내가 예민하게 실눈을 뜨고 끗발을 봐야 되는데 어느 날 갑자기 눈이 안 보였습니다. 유명 안과는 다 가봤는데 한쪽 눈이 실명됐다고 했습니다. 주님이 주신 눈으로 좋은 것만 봐야 하는데 악한 것만 봐서 온 형벌이라고 통회자복했더니 기적적으로 고침받았습니다. 그렇게 눈이 낫고 세례까지 받았습니다. 세례를 받은 이틀 후에 룸살롱에 가서 양주를 폼나게 들이켜고 있는데 팔이 안 내려왔습니다. 그래서 통회자복했더니 고쳐 주셨습니다. 그 길로 술을 끊었습니다.

도박을 끊었더니 눈 고쳐 주시고, 팔 아파 회개했더니 또 고쳐 주셔도 중독을 못 끊는 것이 우리입니다. 그러나 저는 이런 분들이 구원의 장막에 거하는 분이라고 생각합니다. 도박이 문제가 아니고 종의 종 되는 게 문제가 아닙니다. 바람 중독, 도박 중독인 사람은 자기가 죄인인 걸 알아서 이 사람도 저 사람도 욕을 하니까 차라리 구원받기가 쉽습니다. 언제나 칭찬만 듣는 사람은 자기가 옳은 줄 알기 때문에 도리어 구원받기가 어렵습니다. 오늘 결단했어도 내일 못 끊을 수 있습니다. 그래도 죽자고 예배를 열심히 드리고 가면 여호와의 장막에 거하게 될 줄 믿습니다.

◇◇◇◇◇ 셈의 역할이 부럽고 함의 역할이 억울합니까. 셈도 야벳도 함도 결국은 하나님의 자손으로 살았기에 축복인 것을 인정합니까. 배운 것 가진 것 없고, 종의 종으로 살아도 구원의 장막에 거하는 것을 자랑으로 삼고 있습니까.

말씀으로 기도하기

단칸방에 살아도 마음이 편해야 하는데, 하나님은 우리가 화려한 장막이 아닌 여호와의 장막에 거하기를 원하십니다.

우리는 여호와의 장막에 거할 수 없는 죄인입니다. (창세기 9:18-22)

생육, 번성, 충만하게 하신 환경에서 노아처럼 취하고 벗을까 두렵습니다. 내가 장담할 수 없는 죄인임을 알고 말씀과 예배에 묶여 깨어 있게 하소서. 나의 상처가 타락과 악으로 이어지지 않도록 하나님께서 치유하시고 회복시켜 주시기를 기도합니다.

하나님은 죄를 가려 주십니다.(창세기 9:23)

죄를 수습하되 신중했던 셈과 야벳처럼 분별을 잘하도록 기도합니다. 주 안에서 나의 죄와 수치를 드러낼 때 어떤 허물도 덮어 주시는 것을 믿고 감사드립니다.

여전히 사랑하시기에 구원의 장막에 거하게 하십니다.(창세기 9:24-29)

노아가 함을 미워해서가 아니라 자녀를 객관적으로 보고 역할에 맞는 처방을 한 것처럼 나 자신과 자녀의 역할을 잘 깨닫기 원합니다. 좋은 것, 나쁜 것이 없고 오직 구원받은 인생이 최고의 인생임을 자녀들에게 삶으로 보여 주게 하소서.

우리들 묵상과 적용

저의 친어머니는 6남매의 막내인 제가 젖을 떼기도 전에 돌아가셨습니다. 얼마 후 새어머니가 들어오셨지만 농사일에 흥미가 없었던 아버지는 그마저 손을 놓으셨습니다. 고등학교 때 간경화로 새어머니마저 돌아가시자 아버지는 도박과 술에서 헤어나오지 못하셨습니다.

학원과 과외로 정신없이 바빴던 친구들과 달리 저는 늘 술에 절어 계시는 아버지를 모시러 동네 주막을 돌아다녔고, 아버지를 등에 둘러메고 오는 게 하루일과의 마지막이었습니다. 어느 날 여전히 아버지를 모셔 오고 있는데 학원수업을 마치고 돌아오는 동네 친구와 마중 나온 친구의 어머니를 마주쳤습니다. 그들이 그냥 지나치길 바라며 고개를 푹 숙였는데 친구의 어머니가 저를 알아보고는 "아이고! 불쌍한 것. 엄마만 살아계셨다면 네가 이리 고생하지 않을 텐데 쯧쯧" 했습니다. 그 말에 설움이 복받쳐 눈도 마주치지 않고 지나쳐 버렸습니다. 그리고 좀 전 상황을 모르셨던 아버지가 술주정으로 신세 한탄을 하시자 화가 치밀어 아버지를 잡고 있던 손을 놔 버렸습니다. 힘없이 주저앉은 아버지를 향해 그동안 쌓아 놓았던 분노로 발길질을 했습니다. "자식들은 어떻게든 살려고 몸부림치는데 아버지란 사람이 어떻게 이럴 수 있어! 기본만 하라고! 더는 안 바래! 기본만 하라고!" 가로등도 없던 깜깜한 시골 길에서 그날 밤 일은 오직 저와 하나님만 아는 사건이었습니다.

포도주를 마시고 취해 벌거벗은 아버지의 하체를 보고 이 사실을 형제에게 알린 함도 저처럼 술 취한 아버지를 창피하게 여겼던 것 같아서 가슴이 멥니다. 아버지의 수치를 덮어 준 셈과 야벳처럼 가족의 생계를 위해 학업을 포기한 형, 누나의 도움으로 그나마 저는 공부를 하고 있었음에도 불평불만이 많았습니다.

방주 짓는 걸 평생 소명으로 삼았을 노아가 방주에서 나왔을 때는 많이 허탈했을 것인데, 아내를 둘이나 잃고 인생의 갈 길을 잃어버렸을 아버지를 조금도 이해하지 못했습니다. 아버지에 대한 사랑과 애통이 없었기에 긴 시간 상처와 아픔의 종으로 살았습니다. 이제야 아버지가 느끼셨을 상실감을 조금이나마 이해하게 됩니다. 교만하고 어리석었던 저의 수치를 덮어 주신 하나님의 사랑으로 가족과 지체의 아픔을 덮어 주고 격려하는 삶을 살기 원합니다. 아직도 툭하면 튀어나오는 판단과 잔소리를 없애고 먼저 내 죄를 회개하며 힘든 이야기를 잘 들어주는 아빠가 되고 싶습니다.

◇◇◇◇

기도

하나님 아버지, 노아의 타락을 보면서, 구속사에 찬란한 획을 그었던 노아의 무너짐을 보며 나라고 예외가 있겠는가 생각합니다. 내 힘으로는 죄를 끊을 수도, 이길 수도 없지만 그럼에도 죄를 가려 준다고 하시오니 어떤 죄 가운데 있을지라도 주의 보혈의 옷으로 가려 주옵소서.

노아가 술이 깨서 예언한 모든 것이 저주가 아니고 피맺힌 사랑임을, 구원의 장막에 거하기 위한 피맺힌 처방임을 알기 원합니다. 셈, 함, 야벳의 역할이 다를 뿐입니다. 감옥간 아들, 아픈 아들, 잘사는 아들, 공부 잘하는 아들 다 있지만 역할의 차이가 있을 뿐입니다. 시간과 방법과 과정 상관없이 셈의 장막에 거하게 하시고, 종의 종이 되어 회개하고, 우리 자녀들과 내 사랑하는 식구들이 천국에서 만나기 원합니다. 우리 자녀들이 다 구원의 장막에 이르게 하옵소서.

천년을 나무 패고 물 길어도 하나님의 종이 되기 원하고 악의 종이 되지 않기를 원합니다. 술 도박이 끊어지지 않는 지체들을 위해 기도하오니, 목장과 예배를 생명같이 여기고 목숨 걸 때 내 이야기를 오픈하고 공동체 전체의 기도를 받으면서, 어느 날 동이 서에서 먼 것처럼 잊어버리게 하실 줄 믿습니다. 모든 중독이 우리의 사랑으로 끊어질 줄 믿습니다.

특별히 부모님을 용서하기 원합니다. 어떤 부모라 할지라도 그 부모가 있어서 내가 예수님을 만났기 때문에, 나를 버렸건 해를 끼쳤건 그것이 상처가 돼서 자녀들에게도 상처를 주는 부모가 되지 않게 하시고, 상처를 대물림하지 않도록 부모를 용서하게 하옵소서. 구원의 장막에다 이르는 부모 형제 친척 자녀가 될 수 있도록 은혜를 내려 주시옵소서. 예수님의 이름으로 기도합니다. 아멘.

chapter 10

노아 후손의 족보를 보면서
세상의 혈통이 아닌
하나님의 혈통을 알기 원합니다.
말씀을 듣고 구속사의 계보에 올라가는
우리가 되게 하옵소서.

하나님이
선택하시는
계보

우리들교회 목장보고서에서 한 엄마의 애타는 나눔을 읽었습니다. 이 엄마는 이혼 후 재혼을 했지만 다시 이혼을 당했는데, 딸이 심한 우울증을 앓고 있습니다. 엄마에게 상처를 너무 많이 받은 딸이 20대가 되어 남자를 만난 지 한 달 만에 혼인신고를 했습니다. 그런데 이 20대의 어린 사위도 너무나 무서운 조울증 환자입니다. 엄마가 아직도 딸이 객관화가 되지 못해 딸의 일이라면 열 일을 제치고 따라다니는데, 딸의 고통을 보면서 왜 이혼을 했는지 너무나 후회하고 있습니다. 별 인생이 없습니다. 그래서 제가 늘 가정 중수를 외치는 것입니다.

창세기 10장 전체가 노아의 후손의 족보를 다루고 있습니다. 자녀 때문에 울고 웃는 우리이기에 말씀이 더 의미 있게 다가옵니다. 노아의 후손의 족보를 살피며 구속사의 계보는 어떤지 알기 원합니다. 수많은 이름들이 나오는 이 본문을 한 절 한 절 읽어가며 어렵고 힘든 인생을 통해 예수님이 오시고 생명이 이어지는 것을 볼 수 있습니다.

노아 후손의 족보에는 오묘한 하나님의 섭리가 있다

> 노아의 아들 셈과 함과 야벳의 족보는 이러하니라 홍수 후에 그들이
> 아들들을 낳았으니(창 10:1)

노아 후손의 족보는 인류 조상의 족보입니다. 홍수 이후에 생육하고 번성하고 충만하라고 하신 하나님의 말씀이 이렇게 다 이루어졌습니다. 창세기 5장에 나온 셋의 계보를 인류의 조상이라고 하지 않습니다. 노아의 가족을 제외하고 홍수로 다 진멸되었기 때문입니다. 지금 살고 있는 인류는 모두 노아의 후손입니다.

노아 한 사람으로부터 모든 인류가 시작되었습니다. 아시아, 유럽, 아프리카, 미주 할 것 없이 우리의 조상은 노아입니다. 예수 그리스도를 믿는 믿음의 사람들은 우리가 노아로부터 나온 하나라는 것, 인종과 국적에 차별이 없다는 것을 인정합니다. 그래서 국제결혼이 문제가 아니

라 불신결혼이 문제입니다. 믿음이 없고 말씀이 들리지 않는 사람과의 결혼이 가장 큰 불순종입니다.

노아의 족보에는 야벳이 14족속, 함이 30족속, 셈이 26족속으로 총 70족속입니다. 신성함을 나타내는 수 7과 충만함을 나타내는 완전수 10이 합쳐진 70입니다. 신성한 수 7은 죄 가운데 있는 인간임에도 불구하고 하나님께서 계속 다스리시겠다는 의미가 담겨 있습니다. 또한 우리를 믿음으로 충만케 하시려는 하나님의 사랑의 의지가 10이라는 숫자 안에 들어 있습니다. 그래서 인류의 역사를 볼 때 예수 그리스도가 들어간 나라들이 충만케 되고, 세계 흐름을 주도하고 있는 것을 알 수 있습니다.

또한 이 족보는 아담에서 셋, 셋에서 노아, 노아에서 셈을 골라내시는 구속사적인 계보입니다. 여인의 후손 예수 그리스도가 태어날 혈통과 계열에 초점을 맞추어야 합니다. 그렇다면 이 구속사 계보의 특징은 한 마디로 무엇일까요? 수치와 멸시의 족보라는 것입니다. 이것이 창세기부터 요한계시록을 관통하는 성경의 주제입니다.

방주가 머물렀던 곳, 아라랏 산을 기억하십니까? 아라랏 산은 '후손의 산'이라는 의미를 갖고 있습니다. 아시아, 아프리카, 유럽으로 펼쳐져 나가는 중심지가 바로 아라랏 산이었습니다. 내가 힘든 환경 가운데 죽을 것 같아도 오직 말씀으로만 인도함을 받으면 후손의 산으로 인도됩니다. 내가 믿음의 자녀가 되고, 나의 자녀들이 영적 후손이 됩니다. 노아 후손의 족보는 이렇게 오묘한 하나님의 섭리를 담고 있습니다.

하나님이 악인의 형통을 허락하심을 알 수 있다

노아의 족보에서 야벳의 족보와 함의 족보는 각 2대씩만 기록하고 있습니다. 이들을 통해서 저는 악인의 형통이 어떤 것인지 조명하고자 합니다.

> ² 야벳의 아들은 고멜과 마곡과 마대와 야완과 두발과 메섹과 디라스 요 ³ 고멜의 아들은 아스그나스와 리밧과 도갈마요 ⁴ 야완의 아들은 엘리사와 달시스와 깃딤과 도다님이라 ⁵ 이들로부터 여러 나라 백성으로 나뉘어서 각기 언어와 종족과 나라대로 바닷가의 땅에 머물렀더라(창 10:2-5)

창세기에는 열 번의 '톨레도트'(계보)가 나옵니다. 셈과 함과 야벳의 '후예'에 처음으로 '톨레도트'라는 원어가 사용되었습니다. 인류의 역사가 정치적으로 나뉜 것이 아니라 하나님 안에서 언어와 종족과 나라대로 나뉘었습니다. 그 중에서 야벳의 아들들을 먼저 봅니다.

야벳은 '확장하다'라는 뜻을 갖고 있습니다. 이들은 인도와 유럽 전지역, 소아시아 지역들에 넓게 확산되었습니다. 야벳의 족보를 먼저 언급한 이유는 이들이 선민 이스라엘의 역사에서 가장 멀리 떨어져 있는 민족이기 때문입니다. 이들은 나중에 메대, 헬라, 게르만, 스페인 등의 민족이 됩니다. 바닷가에 머물면서 무역을 하고, 그로 인해 물질적 풍요를 누렸습니다. 노아의 수치를 가려 준 것에 대한 육적 축복을 많이 받았습니다.

그러나 이들은 성경에서 짧게 언급됩니다. 야벳은 열네 족속에 머물렀습니다. 저는 야벳의 형통을 악인의 형통으로 보고 싶습니다.

함은 셈 옆에서 가시가 되어 끝까지 괴롭히고 역사 속에서 갖은 악역을 감당했습니다. 그런데 야벳은 어떻습니까. 이쪽저쪽 다 관심이 없습니다. 바닷가에서 돈만 벌면서 머물러 있는 겁니다. 깊이 관여하지 않아도 될 만큼 재물이 있기 때문입니다.

허드슨 테일러에게는 윌리엄 버거라는 친구가 있었습니다. 그는 백만장자로 허드슨 테일러의 선교에 재정적인 도움을 주었지만, 물질로만 도왔지 중국 내지에는 한 발짝도 발을 들이지 않았다고 합니다. 그래서 사람들은 중국 선교의 아버지로 허드슨 테일러만 기억합니다. 윌리엄 버거의 이름을 아는 사람은 많지 않습니다.

야벳의 후예로 페르시아 왕 고레스가 있습니다. 바벨론 포로로 잡혀간 이스라엘 민족에게 고토로 돌아가라는 포고령을 내려 자유케 해 준 너무나 멋진 사람입니다. 그러나 자신은 하나님을 믿지 않았습니다. 야벳이 딱 이렇습니다. 돈이 많으니 시기하거나 미워할 일도 없고, 여유가 있을 것 같습니다. 그렇다고 주의 일을 안 하는 것도 아닙니다. 빌어먹거나 비굴해 보이지도 않고 별 문제가 없으니 인심 쓰기가 아주 좋습니다. 그러니 영적으로도 큰 관심이 없고, 가난한 사람들과도 교제하기 싫은 것이 야벳의 특징입니다.

시부모를 모시는 자녀는 잘 모셔 봐야 본전치기입니다. 욕 안 먹으면 다행입니다. 그러나 가끔 돈 많은 다른 자녀들이 와서 용돈 드리고 가면 얼마나 칭찬을 받고 예쁨을 받는지 모릅니다. 돈이 있어서 인심을 쓸 수 있기 때문에 이들은 바닷가에만 머물러 있는 것입니다. 이들은 이스라엘 가까이 오지 않았습니다. 저는 그래서 우리들교회에 빚지고 환난당하고 원통한 분들이 오시는 것이 감사합니다. 오갈 데가 없어서 예배에 목숨을 거는 분들이 앞으로 영적 육적 축복을 받으리라 확신합니다.

그러면 함은 어떤지 보겠습니다.

> ⁶함의 아들은 구스와 미스라임과 붓과 가나안이요 ⁷구스의 아들은 스바와 하윌라와 삽다와 라아마와 삽드가요 라아마의 아들은 스바와 드단이며 ⁸구스가 또 니므롯을 낳았으니 그는 세상에 첫 용사라 ⁹그가 여호와 앞에서 용감한 사냥꾼이 되었으므로 속담에 이르기를 아무는 여호와 앞에 니므롯같이 용감한 사냥꾼이로다 하더라 ¹⁰그의 나라는 시날 땅의 바벨과 에렉과 악갓과 갈레에서 시작되었으며 ¹¹그가 그 땅에서 앗수르로 나아가 니느웨와 르호보딜과 갈라와 ¹²및 니느웨와 갈라 사이의 레센을 건설하였으니 이는 큰 성읍이라 ¹³미스라임은 루딤과 아나밈과 르하빔과 납두힘과 ¹⁴바드루심과 가슬루힘과 갑도림을 낳았더라 (가슬루힘에게서 블레셋이 나왔더라)(창 10:6-14)

함은 '뜨겁다'는 의미입니다. 격정적이고 열정적입니다. 후손의 이름도 '에워싸다', '낮은 곳', '요동하다' 등의 뜻이 있습니다. 이들은 아프리카 더운 곳에 흩어져 거주했습니다. 함의 후손 중에 구스의 아들 니므롯은 최초의 용사였습니다. 유프라테스 강 유역의 시날 땅, 즉 지금의 이라크 지역을 본거지로 바벨론과 앗수르, 니느웨 등 인류 최초의 제국을 창건한 사람입니다. 세상적으로 보면 너무나 똑똑하고, 무에서 유를 창조하는 용사이고 영웅입니다.

그러나 니므롯 이름에는 '반역자'라는 뜻이 있습니다. 홍수 후에 약간 겸손하다가, 조금 시간이 지나니 인간의 죄악된 본성이 반역으로 나타납니다. 사람들이 볼 때 너무나 멋있는 이 사람이 하나님 앞에서 특이한 사냥꾼이었습니다. 자기의 욕망을 이루기 위해서 남의 신앙과 감정, 용모, 인간관계, 남자와 여자를 사냥합니다.

그럼에도 너무나 형통합니다. 제국을 건설하고, 왕정을 만들어서 사람을 착취하고 하나님께 반역합니다. 함의 자손에서 나온 앗수르, 바벨론, 블레셋, 가나안이 끝까지 이스라엘을 괴롭혔습니다. 요한계시록에서는 바벨론을 음녀로 표현하고 사탄의 왕국을 예표합니다. 얼마나 니므롯이 대단한 권세를 누렸는지 모릅니다.

> [15] 가나안은 장자 시돈과 헷을 낳고 [16] 또 여부스 족속과 아모리 족속과 기르가스 족속과 [17] 히위 족속과 알가 족속과 신 족속과 [18] 아르왓 족속과 스말 족속과 하맛 족속을 낳았더니 이 후로 가나안 자손의 족속이 흩어져 나아갔더라 [19] 가나안의 경계는 시돈에서부터 그랄을 지나 가

사까지와 소돔과 고모라와 아드마와 스보임을 지나 라사까지였더라
²⁰ 이들은 함의 자손이라 각기 족속과 언어와 지방과 나라대로였더라

(창 10:15-20)

여호수아가 정복전쟁을 치렀던 젖과 꿀이 흐르는 땅을 이 가나안 자손이 다 차지하고 있었습니다. 함의 자손 중에서 이렇게 영웅이 나오고 강력한 민족들이 나왔습니다. 이것을 어떻게 해석해야 할까요.

인류 최초의 죄를 저지르고 여호와 하나님의 낯을 피해 떠난 가인이 먼저 성을 쌓고 흥왕했던 것을 기억하십니까? 가인의 후손에서 육축 치는 자의 조상, 기계 문명과 음악의 조상이 나왔습니다. 그래서 그들에게는 여호와의 이름을 부를 일이 없었습니다. 이와 똑같이 함의 자손들 가운데 영웅과 강한 민족이 나왔습니다.

셈의 자손은 '영웅'이라는 말이 나오지 않습니다. 그저 낳고 죽고 하는 인생입니다. 세상에서는 하나님께 버림받은 자가 택한 자보다 번성할 수 있습니다. 그러나 하나님 없는 악인의 형통은 일시적입니다. 잠시 반짝 빛나지만 역사를 통해서 이들이 식민지와 노예 생활을 경험한 것을 우리는 알고 있습니다. 함의 자손들이 계속해서 고통받고 육적으로도 종노릇한 것을 보기 바랍니다. "그들이 평안하다, 안전하다 할 그때에 임신한 여자에게 해산의 고통이 이름과 같이 멸망이 갑자기 그들에게 이르리니 결코 피하지 못하리라"(살전 5:3). 하나님 없는 삶은 안개와 같아서 금세 사라질 것이기에 우리는 악인의 형통을 부러워하지 말아

야 합니다.

◇◇◇◇◇　하나님을 안 믿는 친구가 성품도 더 좋고, 자녀들도 잘되는 것을 보며 기가 죽습니까. 예수님을 믿어도 여전히 가난하고 여전히 혈기 부리는 내가 부끄러워서 전도를 못합니까. 일시적인 형통이 부러워서 영원한 구원의 복을 놓치고 있습니까.

하나님의 관심은 언제나 택한 자를 향한다

> [21] 셈은 에벨 온 자손의 조상이요 야벳의 형이라 그에게도 자녀가 출생하였으니 [22] 셈의 아들은 엘람과 앗수르와 아르박삿과 룻과 아람이요 [23] 아람의 아들은 우스와 훌과 게델과 마스며 (창 10:21-23)

'명성', '좋은 평판' 등의 뜻을 갖고 있는 셈의 후손은 4대 손부터 언급했습니다. 셈의 4대 손 에벨은 '히브리'와 그 어원이 같습니다. 세속의 역사가 아무리 찬란해도 하나님의 관심은 언제나 택한 백성을 향해 있습니다. 사람 많은 곳에 가도 내 자녀는 뒤통수만 보고도 알아봅니다. 하나님 역시 택한 자녀가 아무리 초라하고 미미하게 살고 있어도 반드시 찾아내십니다.

²⁵에벨은 두 아들을 낳고 하나의 이름을 벨렉이라 하였으니 그때에 세상이 나뉘었음이요 벨렉의 아우의 이름은 욕단이며 ²⁶욕단은 알모닷과 셀렙과 하살마웻과 예라와 ²⁷하도람과 우살과 디글라와 ²⁸오발과 아비마엘과 스바와 ²⁹오빌과 하윌라와 요밥을 낳았으니 이들은 다 욕단의 아들이며 ³⁰그들이 거주하는 곳은 메사에서부터 스발로 가는 길의 동쪽 산이었더라 ³¹이들은 셈의 자손이니 그 족속과 언어와 지방과 나라대로였더라(창 10:25-31)

에벨은 '건너온 자'라는 뜻입니다. 유프라테스 강을 건너온 에벨의 아들은 벨렉으로 '쪼개다', '나누다' 등의 뜻입니다. 강을 건너서 왔더니, 함의 자손 니므롯이 바벨탑을 쌓다가 언어가 혼잡하게 되어 흩어졌습니다. 함의 교만으로 인류의 언어가 나뉘었는데, 성경은 함의 자손 니므롯 시대에 나뉘었다고 하지 않고 벨렉의 시대에 나뉘었다고 합니다. 이혼을 해도 믿는 나에게 책임이 있습니다. 사업하다가 부도가 나도 믿는 나에게 책임이 있습니다. 니므롯이 대단하다고 해도 역사는 하나님을 믿는 셈의 자손을 중심으로 흘러갑니다.

또한 세상 사람들이 아무리 잘나간다 해도 하나님께는 일고의 가치가 없다는 것을 보여줍니다. 하나님은 믿는 나 한 사람 중심으로 하나님의 역사를 이루어 가십니다. 하나님의 시대에 하나님의 뜻으로 '건너오라'고 하셔서 에벨이 강을 건넜는데 함 때문에 나뉘었습니다.

셈의 후손 중에 영웅이 나오지 않았습니다. 5대만에 바벨탑 사건으로 나뉘게 되었습니다. 그러나 하나님이 택하시면, 살았다는 것 자체만으로도 무명한 자 같으나 아브라함, 다윗, 예수님이 오시는 족보가 됩니다. 하나님이 택하시면 그 자체로 이 땅에서 최고의 인생이 됩니다.

> 이들은 그 백성들의 족보에 따르면 노아 자손의 족속들이요 홍수 후에 이들에게서 그 땅의 백성들이 나뉘었더라(창 10:32)

이들이 이제 떨어져 살기도 하고 가까이 살기도 하면서 인류의 곤경, 전쟁과 투쟁이 시작됩니다. 인간이 100퍼센트 죄인이기에 늘 세상의 것을 소망하지만, 그 가운데서 예수님이 어떤 혈통을 통해 오시는지를 보는 것이 족보를 읽는 우리의 과제입니다.

셈과 함과 야벳의 후손을 보면서, 어떤 부부와 자녀도 완전할 수 없음을 생각합니다. 아무리 훌륭한 부모라도 완전치 못한 부분이 있어서 약한 자녀는 상처를 받고 함처럼 될 수 있습니다. 반대로 100퍼센트 악해 보여도 거기에 하나님의 형상이 깃들어 있기에 그런 부부 밑에서도 강한 자녀가 있을 수 있습니다. 그래서 우리는 "왜?"의 질문을 멈춰야 합니다.

중요한 것은, 내가 모든 슬픔과 억울함을 끌어안고 가서는 안 된다는 것입니다. 그러면 함의 후예처럼 되는 것입니다. 함의 후손 대부분이 상처를 해결 못하고 이겨야 한다, 투쟁해야 한다며 시기심에 불탑니다. 상처 많은 사람들의 특징입니다.

목장보고서에 이런 글이 올라왔습니다.

난 칭찬에 인색하다. 지난번 목장에서 모두들 어떤 분에게 너무 예쁘다고 말하는데 황당했다. 아니라고 말하고 싶었다. 시간이 지나고 보니 내가 그런 감정을 공유하지 못할 정도로 메말라 있는 것이 회개가 되었다. 그런 마음으로 그분을 다시 보니 마음 씀씀이도 예뻐 보이고 얼굴도 예뻐 보였다. 교회에 와서 S대를 안 나왔다는 학벌과 외모에 열등감이 생겼다. 목사님을 너무 좋아했는데 목사님이 나를 아는 척해 주지 않으면 분이 난다. 2부 예배 후 가운데 문으로 나오며 목사님의 사인이라도 받고 싶을 정도로 목사님을 사모했는데, 목사님께선 내 뒷사람의 손을 잡으며 반가워하시는 것이 아닌가? 그런 상태에서 수요예배를 드리니 은혜를 못 받고 설교를 들을 때 가시가 돋쳤다.

우리들교회에 S대 나오신 분이 많은 것도 아닌데 이렇게 열등감을 느끼십니다. 우리가 이렇게 다 별 것 아닌 것으로 상처를 받습니다. 이것이 극복되지 않으면 수준이 낮은 족속으로 갈 수밖에 없습니다. 욕하면서 닮는다는 말이 괜히 나온 게 아닙니다. 가계의 저주를 끊어내지 않으면 자녀에게까지 그 상처가 대물림됩니다.

아버지 노아가 너무나 대단한 믿음의 지도자였지만, 함이 예수님을 만나지 못했다면 방주 짓는 것도 싫었을 것이고, 깜깜한 방주에서 1년 있는 것도 싫었을 것입니다. 세상 사람들은 다 먹고 노는데 나는 예배드려야 한다고 붙잡고, 구원인지 십원인지 받으라는 성화에 수치와 조롱을 받는 게 싫었을 것입니다. 이런 자녀가 밖으로 돌면서 "우리 아버지는 집안일에는 관심도 없고, 우리도 돌보지 않고, 예수에만 미쳤다"면서 비난하고 다닙니다. 자신도 육신의 정욕이 약점인데, 노아가 술에 취해 하체를 드러내고 있으니 "그러면 그렇지. 아버지라고 별 수 있어?" 하면서 셈과 야벳에게 가서 고합니다.

상처가 아무리 대물림되어도 상처받지 않는 것, 내 대에서 아픔을 끊는 것은 내 몫입니다. 가정에서 구원의 일을 해야 하는데 자꾸 상처를 끌어내어 발목을 잡으면 안 됩니다. 부모의 잘못을 물고 늘어지지 마십시오. 노아의 예언을 영적으로 듣지 못하기에 함이 얼마나 분했겠습니까. 보란 듯이 성공하고 싶었을 것입니다. 이 땅에서 잘사는 것을 보여주는 것이 인생의 목표였을 것입니다. 그래서 잠깐은 형통하는 것같이 보였습니다. 그러나 이 땅에서 잘살아서 천국에 소망을 두지 못하는 것이 가장 큰 형벌이었습니다.

창세기 9장과 10장의 교훈을 단순히 술 취하지 말자고만 적용한다면 그것은 도덕적 차원의 적용입니다. 노아의 실수를 통해서 셈과 함과 야벳의 믿음이 드러나고, 예수님의 족보가 걸러지는 구속사를 보아야 합니다. 어떤 자녀든지 그 자녀를 통해서 예수님이 오심을 보아야 합니다. 공부를 잘하고 못하고, 아프고 건강하고에 상관없이 그 자녀를 하나님이 나보다 더 사랑하고 잘 알고 계십니다. 그 자녀 안에 있는 하나님의 형상을 보지 못해서 우리의 인생이 힘겹습니다.

학창시절 공부는 안 하고 온갖 사고를 치던 어느 집사님의 아들이 뒤늦게 정신을 차려 공부한다고 하면서 수요예배, 주일예배, 목장예배를 빠짐없이 나오고 있답니다. 하지만 그 뒤에는 좋은 대학을 가고 싶고, 세상적으로 성공하고 돈을 많이 벌어 떵떵거리길 원하는 야망이 보인다고 합니다. '내가 이렇게 열심히 예배드리니까 하나님이 나에게 보상해 주겠지' 하는 아들의 꿈이 잘못된 것은 알지만 말씀을 듣다 보면 언젠가 깨달을 것이기에 부지런히 예배에 데리고 왔습니다.

그런데 배려심 많고 심성이 착한 딸이 아들보다 먼저 수시에 합격했습니다. 서울대를 비롯해 지원한 학교에 다 합격했습니다. 그러자 아들이 견딜 수 없어 하면서 성을 냈다고 합니다. "왜 공부도 잘 안 하는 동생은 합격을 시키고, 나는 이렇게 열심히 하는데 성적이 안 오르는 거야! 하나님은 나를 사랑하지 않는 거야?" 하면서 소리를 질렀답니다. 아들의 이런 말이 얄미웠던 집사님이 그 말을 맞받아서 "그래! 나도 네가 좋은 대학 가는 걸 원치 않는다!"고 소리쳐서 격렬한 언쟁이 일어났습니다.

이 집사님이 아들에게 그런 말을 하고 나서는 종의 종이 되어서라도 하나님의 장막에 거하라는 저주를 했던 노아의 마음이 이해가 됐다고 했습니다. 그동안 자기가 하고 싶은 대로 살았던 아들이 단기간의 공부로 명문대에 합격한다면 곧 교만해질 것을 하나님이 아시기에 아들이 힘든 훈련을 받고 있습니다. 그렇게 해서라도 하나님은 우리 모두를 구원하기 원하신다는 설교에 가슴이 메었다고 합니다.

격렬한 싸움이 있은 후 수요예배를 오는 차 안에서 아들이 자신이 계획한 모든 야망과 욕심을 내려놓겠다고 고백했습니다. 그 말을 들으니 이 집사님이 '나라도 붙여 주고 싶다'는 마음이 들었답니다. 아들이 좋은 대학에 갔으면 좋겠다고 합니다. 이 세상에서 가장 소중하고 아름다운 가치가 무엇인지 알았다면 육적인 복도 받았으면 좋겠다고 글을 맺었습니다. 저는 이게 진정한 아버지 마음일 거라 생각합니다.

서두에 언급한 조울증 사위와 우울증 딸로 힘들어하는 엄마 이야기를 하겠습니다. 이 엄마 본인도 우울증을 앓고 있습니다. 너무나 힘든 환경입니다. 딸이 사위를 너무 무서워하다가 자살을 시도했고 그 사건으로 우리들교회에 오게 됐습니다. 딸을 목장예배에 한번 데려가기 위해 목자가 사위에게 찾아가 허락을 받고 딸을 데려옵니다. 딸이 예배가 없이는 죽을 것 같다면서 예배를 사모합니다.

야벳이 모든 것을 갖춘 부유한 자식들을 보며 눈물의 기도를 흘렸을까 생각해 봅니다. 공부를 잘하건 못하건, 우울증에 걸렸건 아니건, 하나님이 나에게 맡겨 주신 자녀이기에 좋고 나쁘고를 내가 결정해서는 안 됩니다. 우울증으로 예배를 사모하는 딸이 하나님 나라에 거하게 될 최고의 딸입니다. 우리가 예배에 올인함으로 이 모든 고통이 끊어질 것을 믿습니다. 이 땅에서 주신 역할에 감사하며, 함의 상처를 끊어내고 셈의 후손으로 구속사의 계보에 오르는 우리가 되기를 원합니다.

◇◇◇◇◇ 하나님 없이 승승장구하는 배우자와 자녀에게 애통함으로 복음을 전합니까. 그들이 고난과 실패를 만나더라도 구원받기를 원한다고 진심으로 기도할 수 있습니까. 명문대에 들어간 자녀보다 예배를 사모하고 큐티 잘하는 자녀를 더 자랑스러워합니까.

완전한 부모에게도 힘든 자녀가 나올 수 있고 악한 부모에게서도 훌륭한 자녀가 나올 수 있습니다. 남의 자녀와 내 자녀를 비교하면서 상처받지 마십시오. 자녀를 위해 우리가 할 일은 아무리 힘들어도 가정을 지키며 영적 계보를 잇는 것입니다.

노아 후손의 족보에는 하나님의 섭리가 있습니다.(창세기 10:1-32)
다시는 심판하지 않으신다는 약속의 성취로 인류가 번성하고 노아가 인류의 조상이 되었습니다. 출신이나 피부색이 아니라 믿음으로 한 혈통이 되는 것을 알고, 피를 나눈 내 가족부터 믿음으로 하나되기를 기도합니다. 나에게서 영적 후손이 태어나고 예수 그리스도가 오심으로 충만케 되는 하나님의 섭리를 경험하게 하소서.

하나님이 악인의 형통을 허락하심을 알 수 있습니다.(창세기 10:2-20)

야벳도 환경이 부요하니까 약속의 땅에서 멀리 떨어져 '머물러' 있습니다. 성공을 위해 자녀를 교회로부터 멀리 보내고 유학으로 멀리 보내면 하나님에게서 멀어질 수 있다는 걸 알게 하소서. 하나님의 약속을 떠난 형통은 일시적이기에 부러워하지 말고 오직 여호와의 이름을 부르는 것이 축복임을 깨닫기 원합니다.

하나님의 관심은 언제나 택한 자에게 있습니다.(창세기 10:21-32)

세상 역사가 아무리 찬란해도 하나님은 셈의 자손 에벨과 그 자손 아브라함을 중심으로 구속사를 이루어 가십니다. 모든 역사의 중심에 하나님의 자녀인 내가 있습니다. 예수님이 내 삶에 오심으로 최고의 인생이 되는 것을 믿습니다. 하나님이 택하신 내가 상처로 나뉜 가정과 공동체를 책임지고 나로 인해 집안의 죄와 상처가 끊어지도록 사명을 다하기 원합니다.

우리들 묵상과 적용

어렸을 때부터 온순하고 자기 할일 잘하는 남동생과는 달리 이기적이고 고집 센 저는 늘 엄마에게 비교당하고 혼나는 일이 많았습니다. 그래서 조건도 필요 없고 나를 최고로 여기는 남자와 결혼하리라 생각했고, 정말 가난하고 스펙 없는, 그러나 나를 아껴 주는 것 같은 남편과 결혼했습니다.

결혼해서 행복하게 보란 듯이 사는 것이 목표였기에 야벳의 아들들처럼 영적인 것에 관심도 없고 선민의 역사에서 점점 멀어졌습니다. 혼자서 잘 먹고 잘사는, 바닷가의 땅에 머물며 행복과 돈만 있으면 된다고 생각하고 열심히 살았습니다.

그러던 중 결혼 10년 만에, 아버님과 시동생을 모시는 저의 생색으로, 머슴처럼 살아야 했던 결혼생활에 지친 남편이 외도를 하고 집을 나가는 사건이 왔습니다. 그 사건을 통해 모태신앙이었던 제가 진정으로 예수님을 만났고 이기적이고 사랑 없는 저의 죄를 회개하고 말씀 안에 있게 되었지만 여전히 자식 우상은 넘어가질 못했습니다.

남편도 없는데 하나밖에 없는 딸을 구스의 아들 니므롯처럼 최고의 용사로 만들고 싶어 일거수일투족을 간섭하며 공부를 강요했습니다. 보기 좋은 아이로 키우려고 세상 것을 사냥하며 혈안이 되었습니다. 그런 엄마의 간섭과 아빠의 부재로 아이가 무기력과 우울증으로 아파 결국은 애정결핍으로 남자친구를 자주 바꾸며 화장과 용모에 온 신경을 쓰고 정신과 약을 먹게 되었습니다. 아픈 아이를 겪고 보니 주님이 정신을 들게 하셨습니다.

지금 저의 생활은 세상 사람들이 보면 찌질하고 내세울 것 하나 없는 무명한 자의 삶입니다. 그러나 그 어느 때보다도 주님이 주시는 말씀과 공동체를 통하여 평강을 누리며 살고 있습니다. 무명한 자 같은 제가 이렇게 큐티 간증도 하고 매주 목장에서 나누며 유명한 자로 살게 해주셨습니다.

주일 아침 고 1인 딸은 화장하는 시간만 1시간이 넘습니다. 요란하게 화장하고 치장하는 절차가 복잡하지만 청소년부 예배를 드리러 교회 가는 것을 당연히 여기며 즐거워합니다. 예전의 함 족속 같은 가치관으로는 창피해서 같이 다니고 싶지 않았겠지만 교회 엘리베이터에서 딸과 나란히 다정히 웃으며 다른 집사님들과 인사할 수 있도록 주님이 저를 양육해 주셨습니다.

말씀을 보며 왜 하필 노아의 족보 이름만 가득한 본문일까 생각했었는데, 믿는 우리 가정의 할아버지의 할아버지로 거슬러 올라가면 첫 조상이 노아임을 기억하게 하셨습니다. 그 족보는 계속되니 너도 예수님이 오시는 족보를 영적, 육적 후사를 통해 잘 이어가라고 하시는 것 같아 감사한 마음이 듭니다.

요란하게 화장하는 딸의 모습을 지적하는 것이 아니라 무언가 하려고 하는 의지를 칭찬해 주겠습니다. 두 달에 한 번 정도 집에 오는 남편에게도 종의 모습으로 섬기겠습니다.

기도

아버지 하나님, 우리의 자녀들을 믿음의 자손으로 키우고 싶지만 바닷가에서 무역을 하며 몸에 밴 부유함을 가진 야벳처럼 가난한 것도 싫고, 영적인 일을 돕는 것도 싫어서 그냥 이 자리에 머물고 싶은 마음이 있습니다. 천하의 영웅이 되어서 하나님을 대적하고 시간과 감정과 재물, 학벌과 명예를 도적질하는 마음이 끊임없이 제게 있습니다. 블레셋과 앗수르, 바벨론과 가나안에게 마음을 주면 망할 것을 알면서도 끊임없이 이것을 내려놓지 못하는 마음이 있습니다.

그러나 이름도 없고 무명한 자 같은 셈의 후손을 통해 예수님이 오셨습니다. 자녀를 보며 주눅이 들고 함과 야벳을 보면서 더 주눅이 들지만 그래도 교회에 와서 하나님의 이름을 부릅니다. 아무것도 할 수 없어서, 돈도 없고 아이들도 아프고 길이 없어서 오직 하나님의 이름을 부릅니다. 이 땅에서 하나님이 가장 기뻐하시는 것이 주님 이름 부르는 것임을 아오니, 맡겨주신 역할을 잘 감당하게 하옵소서. 죽일 수도 살릴 수도 없는 자녀 때문에 내가 죽지 않게 하옵소서.

입시와 공부에 시달리는 자녀들, 힘들어하는 자녀들에게 가서 살아 있어 줘서 고맙고 예수 믿어 줘서 고맙고 예배드려 줘서 고맙다고, 나는 그것 외에 하나도 바라는 것이 없다고, 같이 기도하고 손잡고 천국 가자고 말하는 부모가 되게 하옵소서. 오직 하나님의 이름을 부를 때 셈으로 골라내어져서 우리 자녀들이 복을 받고, 내가 하나님의 자녀로 긍지 있게 살아갈 수 있도록 은혜를 내려 주옵소서. 예수님의 이름으로 기도합니다. 아멘.

chapter 11

날마다 내 힘으로 바벨탑을 쌓으며
흩어짐을 면하고자 합니다.
무너질 바벨탑에 헛된 수고를 하지 않도록
참된 생육, 번성, 충만을
가르쳐 주옵소서.

흩어짐의
축복

'뭉치면 살고 흩어지면 죽는다'는 말이 있습니다. 하지만 말씀에 비추어 보면 정반대입니다. '뭉치면 죽고 흩어지면 산다'는 게 정답입니다.

끼리끼리 뭉쳐서 흩어짐을 면하고자 하는 악이 있다

온 땅의 언어가 하나요 말이 하나였더라(창 11:1)

1절은 원어로 '그리고 하나님의 입술이 있었다'는 뜻입니다. 언어는 우리가 창조한 것이 아니라 하나님이 주신 선물입니다. 어려서는 사랑의 말을 하다가도 힘과 권력이 생기면 악하고 음란을 행하는 것이 인간의 본성입니다. 한 언어로 사랑하며 섬기고 잘살라고 주신 것인데, 그렇게 지내다 보면 꼭 마음 맞는 사람들끼리만 뭉치고 싶은 악이 있습니다. 사명과는 상관없이 끼리끼리의 말을 하는 것입니다.

> 이에 그들이 동방으로 옮기다가 시날 평지를 만나 거기 거류하며(창 11:2)

그렇게 끼리끼리의 말을 하면서 점차 하나님과 멀어지게 됩니다. 마음이 딱 맞으니 장소도 한마음으로 정해 시날 땅에 거하게 되었습니다. 가인이 하나님의 낯을 피해 동쪽으로 가서 에녹 성을 지었던 것처럼, 이들은 에덴동산 반대편으로 가고 있습니다. 하나님과 점차 멀어지는 것입니다. 원어로는 '그리고 그들은 발견했다. 그리고 그들은 거했다'입니다. 물이 풍부하고 넓은 평지만 보면 하나님과 상관없이 거기 머뭅니다. 원하는 대학에 진학하고, 원하는 이성을 만나고, 원하는 회사에 가면서 하나님과 점점 멀어지는 사람이 많습니다.

> 서로 말하되 자, 벽돌을 만들어 견고히 굽자 하고 이에 벽돌로 돌을 대신하며 역청으로 진흙을 대신하고(창 11:3)

하나님께 여쭙지 않아도 끼리끼리 똘똘 뭉쳐서 못하는 일이 없습니다. 서로가 너무나 격려합니다. 시날 평지는 유프라테스 강과 티그리스 강 사이의 넓은 평지입니다. 하지만 건축에 필요한 돌이나 목재를 구하기가 어려웠습니다. 그러자 이들이 벽돌과 역청을 발명합니다. 역사학자 요세푸스는 시날 평지에서 바벨탑을 쌓은 사람이 천하의 영웅 니므롯이라고 봅니다. 인간 사냥꾼 니므롯을 기억하십니까? 뭐든지 할 수 있는 똑똑하고 대단한 사람입니다. 진흙을 구워서 벽돌을 만들고, 천연 아스팔트를 끓여서 역청을 만들어 성을 쌓고자 합니다. 혁명적인 공법이 아니라 할 수 없습니다.

이런 사람이 아버지, 사장, 목사면 너무 멋있어 보입니다. 프로젝트를 '짠' 하고 제시하고, 비전을 주고, 격려하고 고무하면서 자기의 능력을 보여주면 사람들이 다 열광합니다. 거기다 민주적이기까지 하면 다 넘어갑니다.

> 또 말하되 자, 성읍과 탑을 건설하여 그 탑 꼭대기를 하늘에 닿게 하여 우리 이름을 내고 온 지면에 흩어짐을 면하자 하였더니(창 11:4)

한마음으로 뭉치는 걸 보면 어느 교회보다도 지체의식이 충만한 것 같습니다. 이렇게 비전을 제시하는데 그게 왜 잘못됐다는 건지 우리는 이해하기 어렵습니다. 온갖 정성과 힘을 다 합쳐서 목표를 이루고 성공하는 게 뭐가 잘못됐는지 의문을 갖습니다.

그러나 여기에는 이름을 내고 싶은 악이 있습니다. 하늘까지 성읍과 탑을 쌓는 목표는 '우리의 이름을 내자'입니다. 하나님의 이름이 아니라 내 이름을 내자고 합니다. 당시 바벨탑의 벽돌에 이들의 이름을 새겼다고 하는데, 훗날 이 바벨은 수치와 오명의 벽돌이 되었습니다. 하나님은 몇 천 년이 지나도 속지 않으십니다.

늘 이름을 내고 싶은 마음이 우리 안에 있습니다. 수능에 성공해서 일류대학에 간 자녀를 자랑하고 싶습니다. 자녀가 입시에 떨어지면 동창회도 나가기 싫어집니다. 어떤 목장보고서에 보니, 어느 집사님이 20년 전에 주일학교의 부장을 하려고 50만 원짜리 스피커를 기증했다고 합니다. 내심 다음 번 부장 자리는 자기가 확실하다고 믿었는데, 다른 분이 임명됐다고 합니다. 그래서 그 다음부터 방황을 하고, 노래방에 가서 바람을 피우는 사건으로 연결됐다고 합니다. 또 다른 집사님은 교회 꽃꽂이 봉사를 열심히 했는데, 안목이 있는 부자 집사님이 "꽃꽂이보단 화분이 낫겠네요" 한마디하자 목사님이 바로 화분으로 교체해 버리는 바람에 마음이 굉장히 격동했답니다. 이렇게 다 본질과 상관없는 것 때문에 넘어집니다. 교회에 와서도 직분을 안 주고, 이름을 안 내 주고, 인정을 안 해 주는 것 때문에 살 수가 없습니다.

내 이름을 내고자 하는 악은 결국 반역으로 이어지게 됩니다. 바벨탑을 쌓는 과정에서 리더가 너무나 능력 있고 멋있으니 셈과 함과 야벳의 후예가 전부 다 넘어갔습니다. 극심한 생활고를 겪었고 500세까지 자녀가 없었던 노아가 120년 동안 방주를 지을 때는 아무도 쳐다보지 않았습니다. 그런데 하나님이 함을 저주하셨어도, 그 함의 후손 중에 잘 먹고 잘살고 대통령이 나오면 모두 입이 벌어져서 찬성합니다.

창세기 9장 1절에 명령하신 생육, 번성, 충만은 흩어져야 이룰 수 있습니다. 그러나 우리는 그러기를 싫어 합니다. '왜 내 돈 갖고 뭐라고 해, 왜 내 가족이 다른 사람한테 가서 섬겨, 왜 목장을 하느라 돈을 내고 시간을 내고 집을 내' 하면서 본격적으로 하나님을 반역하는 것입니다. 내가 가진 명예와 학벌, 부와 미모 모두가 하나님께 반역의 차원을 넘어 공격하는 도구가 됩니다.

그래서 이때는 뭉쳐서는 안 됩니다. 한 사람이라도 마음이 안 맞아 충돌해야 축복입니다. 그런데도 돈과 권력 앞에서는 다 한마음이 되어서 니므롯의 말에 열광합니다. 하나님이 주신 한 언어로 다른 사람을 살려야 합니다. "믿음이 있으면 시험에 떨어져도 감당할 만한 거다. 시험에 실패했지만 그것 때문에 하나님의 이름을 부르자"라고 해야 합니다. 그런데 "아유, 우리 애는 믿음 없어도 돼. 그냥 시험만 잘 보고 우리 집안만 잘되면 돼"라고 합니다. "목사님만 믿음 좋게 사세요. 우리는 연약하니까~" 합니다.

빌 하이벨스 목사님의 책에서 예화를 인용합니다. 미국의 풋볼 리그 시카고 베어스에는 마이크 싱글테리라는 선수가 있습니다. 키가 작아서 선수로는 재능이 없다는 이야기를 귀에 못이 박히도록 들은 그였지만, 그는 오히려 긍정적 사고에 관한 책을 탐독하고, '노력하면 된다, 최선을 다하면 된다'는 신조로 풋볼에 집중했습니다. 그러면서 풋볼 장학

금을 타고, 시카고 베어스 팀에 영입되었습니다. 10회 연속 올스타에 뽑혔고, NFL(내셔널풋볼리그)에서 선정한 올해의 선수가 되었습니다. 태클 1300회, 단독봉쇄 800회, 전 선수 생활 동안 단 2회의 결장 등 눈부신 기록들을 세웠습니다.

마이크 싱글테리는 하나님을 믿는 사람이었습니다. 어마어마한 부와 명예, 억만달러 규모의 사업체를 소유하고, 영화에 출연하고 책도 써냈습니다. 마치 자신이 하나님께 뭔가를 해 드리고 있는 것처럼, 특별한 배려를 받을 자격이 있다고 느꼈습니다. 생활은 나무랄 데 없이 철저하게 잘 통제되었고, 사랑하는 아내는 출산까지 앞두고 있었습니다. 그러나 그는 점차 교만해져 갔습니다. 어떻게 이런 상황에서 하나님의 이름을 부를 수가 있겠습니까.

◇◇◇◇   내가 친하고 싶은 사람, 뭉치고 싶은 사람은 누구입니까. 또 멀리하고 싶은 사람은 누구입니까. 취미가 같고 유머 코드가 통하고 말이 잘 통해서 한시도 흩어지기 싫은 사람이 있습니까. 모든 것이 통해도 믿음이 없으면 천국과 지옥으로 갈리는 극과 극의 인생인 것을 아십니까.

> 여호와께서 사람들이 건설하는 그 성읍과 탑을 보려고 내려오셨더라
>
> (창 11:5)

바벨탑은 메소포타미아 고대 도시의 종교적 건축물로, 내부를 진흙 벽돌로 채우고 외부를 구운 벽돌로 덮은 지구라트입니다. 바벨탑은 높이가 46m에 한 면의 길이가 120m인 엄청난 규모의 칠층탑입니다. 하나님이 이 탑의 외양이 아니라 인생들의 속마음을 보고자 강림하셨습니다.

본문의 '사람들'은 노아의 아들들이 아닌 아담의 아들들입니다. 원죄가 계속해서 내려오고 있는 것입니다. 그들이 학연과 지연으로 똘똘 뭉쳐서 바벨탑을 쌓고, 잘나가고 있습니다. 홍수 심판을 경험했지만 또다시 내 힘으로 잘 살아보겠다고 합니다.

여러분의 사업은 왜 잘돼야 합니까? 자식은 왜 공부를 잘하고 좋은 대학에 붙어야 합니까? 여러분 내면의 목적이 무엇인지 하나님께서 보려고 강림하셨다고 합니다.

> 여호와께서 이르시되 이 무리가 한 족속이요 언어도 하나이므로 이같이 시작하였으니 이 후로는 그 하고자 하는 일을 막을 수 없으리로다
>
> (창 11:6)

하나님께서 기가 막혀 하십니다. 한 마디로 말하면 "나도 못 말린다"입니다. 이렇게 하나님도 못 말리는 열심이 우리에게 있습니다. 그러나 하나님은 다른 방법으로 아주 간단하게 그들의 열심을 막으십니다.

> 자, 우리가 내려가서 거기서 그들의 언어를 혼잡하게 하여 그들이 서로 알아듣지 못하게 하자 하시고(창 11:7)

이것이 바로 하나님의 묘략입니다. 하나님은 니므롯의 아이디어를 그대로 놔두십니다. 은사를 없애지도 않고 아이큐를 낮추지도 않습니다. 하나님은 바벨탑을 부수지도 않고, 니므롯을 그 자리에서 죽이지도 않으십니다. 하나님은 언어를 혼잡케 하는 방법을 쓰셨습니다.

> [8]여호와께서 거기서 그들을 온 지면에 흩으셨으므로 그들이 그 도시를 건설하기를 그쳤더라 [9]그러므로 그 이름을 바벨이라 하니 이는 여호와께서 거기서 온 땅의 언어를 혼잡하게 하셨음이니라 여호와께서 거기서 그들을 온 지면에 흩으셨더라(창 11:8-9)

언어가 혼잡해지니 더 이상 성을 쌓을 수 없습니다. 바벨의 원뜻은 '신의 문', '하늘의 문'인데 이제는 '혼란'이라는 의미가 되었습니다. 하늘의 하늘이라도 내가 다 물리치고 도전하겠다면서 성을 쌓는 것이 우리 인생입니다.

그러면 하나님이 어떻게 막으십니까? 학벌 좋은 집안에 돈도 많고 살림도 잘하고 부러울 것 없는 부인에게 어느 날 사건이 옵니다. 남편이 다른 여자와 바람을 피우기 시작한 것입니다. 그러면서 부인은 살림이고 뭐고 다 하기 싫어집니다. 다른 모든 것들이 부족함 없이 채워져도 살기가 싫어집니다. 부부간이라도 언어가 통하지 않기 때문입니다.

결국 '신의 문'이 '혼란'으로 바뀝니다. 무슨 일을 해도 마음 정리가 안 됩니다. 하나님의 이름을 부르면서 사는 노아 같은 사람이 있는가 하면, 돈과 능력이 생기면 그 모아 놓은 것이 망할까 봐서 근심하는 사람이 있습니다. 그들이 바벨탑을 쌓는 사람입니다.

세상적으로 우리끼리만 뭉치면 죽습니다. 주님을 만나고 나서 뭉쳐야 사는 뭉침이 됩니다. 육적으로 뭉치면 죽고 영적으로 뭉치면 삽니다. 말이 안 통하는 사람 하나가 나타나야 흩어지는데, 니므롯에게 한 사람도 반대하지 않은 것을 생각할 때 예수를 믿어도 인간이 이렇게 돈과 권세를 좋아하는 죄인임을 알게 됩니다. 예수를 믿어도 돈이면 다 되고, 불신결혼에 부정한 방법으로 사업을 해도 상관 없이 사는 사람이 얼마나 많습니까. 언어를 혼잡하게 해서라도 흩어지지 않으면, 하나님이 원하시는 진정한 번성으로부터 점점 멀어지고 죽음으로 갈 뿐입니다.

남편이 바람을 피우고, 자식이 어느 날 말도 안 되는 여자를 데리고 오면 집안이 혼잡해집니다. 마음이 맞던 회사 동료가 이해타산이 걸리자 어느 날 갑자기 배신을 하고 말이 안 통하는 원수가 됩니다. 부부가, 부모와 자식이, 교회가, 남북이 흩어져서 말이 안 통합니다. 북한이 같은 언어를 쓰지만 말이 통하지 않는 땅 끝 나라입니다. 불어 영어를 써도 예수를 믿으면 통하지만, 한국말을 쓰는 같은 친구일지라도 예수 없이는 통하지 않습니다. 그래서 우리는 이렇게 흩어진 공허함과 살벌함, 쓸쓸함을 경험합니다.

그러나 그 흩어짐을 통해서 성령님을 만나게 하시고, 가족과 자녀만 알던 내가 바깥으로 눈을 돌리게 하십니다. 그래서 영적, 육적, 정신적으로 흩음을 당하는 것이 하나님의 사인입니다. 진정한 생육, 번성을 원하시는 하나님의 본심이십니다.

앞에 말한 마이크 싱글테리가 슈퍼볼에서 우승을 했지만, 그의 인생은 어느 순간 최저점으로 치달았습니다. 기쁨도 없고 두려움만 가득했습니다. 불을 켜지 않고는 잠이 들지 못했습니다. 그에게는 성공의 최정점에서 다른 여자와 음란을 행한 죄책감이 엄습했습니다.

그러나 하나님이 그를 너무나 사랑하셔서, 그가 그 죄책감으로 하나님 앞에 회개했습니다. 이 일을 통해서 자신이 얼마나 언행이 불일치하고 사납고 기만적인지, 교만에 찌들어 있는지를 보게 되었습니다. 작은 키로 태어나 최고의 선수가 되기까지 뼈를 깎는 노력과 고통이 있었지만 죄책감의 고통이 더 컸다고 고백했습니다. 그리고 그가 아내와 하나님 앞에 자기의 죄를 고백했습니다.

아내가 슬프게 우는 것을 보면서 그는 사랑하는 사람을 아프게 한 비애를 맛보았습니다. 그리고 그 동안 하나님께서 자신의 삶 속에서 일하고 계셨다는 것을 알았습니다. 교만이 깨지면서 그는 다시 자기 일에 최선을 다하게 되었고, 욕심으로 자존심을 채우는 것이 아니라 순종함으로 다른 사람을 섬길 자유를 찾게 되었습니다.

◇◇◇◇◇ 주일에도 가족 모임이 우선이고, 방학과 휴가에도 교회 수련회보다 가족 여행이 우선입니까. 육적인 친밀함에 갈급해서 뭉치기만 좋아하다가 고난이 오면 영영 흩어질 수 있다는 것을 아십니까. 가난하고 어려워서 믿음으로 뭉치고 기도로 뭉치는 가정과 공동체에서 천국을 맛보고 있습니까.

흩어짐을 면하고자 똘똘 뭉치면 망합니다. 반면에 흩으심으로 복받는 분도 있습니다. 얼마 전 성도 한 분에게 메일을 받았습니다.

저는 남편을 사랑해서 재혼했습니다. 그렇게 낳은 제 아들은 혈우병 환자입니다. 자모실에서 예배를 드려야 하지만, 자모실에서 놀다가 다치면 다치게 한 아이들에게도 미안하고, 아들이 주사를 맞아야 하기 때문에 늘 제가 안고 강당에서 예배를 드립니다. 처음에는 소리도 내고 울기도 했지만, 이제는 점점 익숙해져서 찬양도 잘하고 예배 때는 잘 잡니다.
세 살배기를 안고 시흥에서 와서 교대역 근처에 있는 혈우재단에서 사흘에 한 번씩 주사를 맞고 수요예배에 옵니다. 남편은 이 혈우병 걸린 아들이 족쇄라고 말합니다. 그 말에 저는 죽을 생각도 했었습니다. 혈우병은 유전병인데 저는 그 병의 보인자입니다. 제 부모님은 이 사실을 모르셨습니다. 저에게는 또 두 딸이 있는데 한 아이가 자주 코피를 흘립니다. 보인자일 가능성이 있다는 것입니다. 그런데 제 딸이 결혼해서 임신할 경우 검사를 해서 혈우병이면 유산을 할 수 있고, 혈우병이 아니면 아이를 낳을 수 있다고 합니다. 저는 예수 믿는 엄마로서 나중에 이 딸이 혈우병 보인자가 되어서 아기를 가지면 낳아야 할지를 걱정하지 않을 수 없었습니다. 얼마 전 혈우재단에 갔을 때 한 예쁜 엄마가 눈시울을 적시는 것을 보면서 너무 걱정이 되었습니다. 아들은 부딪치면 출혈이 심해서 피가 멈추지를 않고, 제대로 운동도 할 수 없습니다. 과거에는 약이 귀했기에 이 병에 걸린 30-40대 어른들 중에는 장애인도 많습니다. 그런데 그 고통을 내 딸이 져야 한다니 마음이 아픕니다.

남편은 제가 보인자인 것을 안 후로 심하게 욕을 했습니다. 그러나 남편은 혈우병 아이도 자식이고 두 번이나 자식을 떠날 수는 없다면서 떠나지 않고 있습니다. 아들이 다칠까 뛰지도 못하게 하면서 가슴을 치고 우는 것이 저의 모습입니다. 저는 두 팔이 없어도 천사같이 노래하는 레나 마리아의 환한 얼굴을 떠올려 보았습니다. 내 딸이 자녀를 낳을 때 고민을 하더라도, 저는 예수 믿는 엄마로 확신 있게 그 아이를 낳아서 구원받은 자의 삶을 살라고 할 것입니다. 제가 흔들릴까 봐서 이제부터 말씀이 내 세포마다 구석구석

스며들어가서, 나의 깊은 우울증도 약을 먹지 않고 치료되고, 아픈 아이도 구속사의 사건으로 받기를 원합니다. 저를 붙잡아 주신 목사님과 목원들, 집사님들께 감사드립니다.

자식이 공부를 못해서, 대학에 떨어져서 마음이 흩어지고 녹을 것 같은 부모가 있다면, 이 혈우병 자녀를 가진 엄마를 생각해 보면 좋겠습니다. 이 엄마가 아이 때문에 얼마나 마음이 흩어졌겠습니까. 그러나 그 고난 때문에 예배가 사모되고, 구원이 알아지고, 영생의 소망이 생기지 않았습니까. 그 멀리서 세 살배기 아이를 잠시도 품에서 놓지 못하고 휘문고등학교 우리들교회에 주일과 수요일 예배를 드리러 옵니다. 건강하고 잘살면 이렇게 간절함으로 예배를 사모하겠습니까. 교회 앞에 살아도 잘살고 건강하면 하나님의 이름을 부르지 않는데, 이 간절함을 누가 따라가겠습니까. 이것이 흩어짐의 축복입니다. 세상을 붙잡지 않고, 하나님만 붙잡게 되는 축복입니다.

우리에게 힘든 일이 왔을 때, 부부가 아무리 사랑해도 "철수씨, 우리 아이를 살려 주세요"라고 기도하지는 않습니다. 아버지 어머니 함자 불러가면서 도와달라고 기도하지 않습니다. 안 믿는 사람은 누구의 이름을 부르며 기도합니까. 저에게는 하나님밖에 부를 이름이 없습니다. 주님을 몰랐을 때는 형식적으로 부를 때도 있었지만, 지금은 천국 가는 그날까지 부를 이름이 있는 것이 얼마나 감사한지 말로 다할 수가 없습니다. 이것이 우리에게 가장 큰 축복입니다.

모든 것이 잘 되어갈 때 주님을 부르지 않았기에 하나님은 언어를 혼잡하게 하셨습니다. 그래서 지금 전 세계에는 삼천여 종의 언어가 있다고 합니다. 지금 성경을 번역하는 선교사들이 종족의 언어로 성경을 번역해서 복음을 전하고 있습니다. 오순절 성령세례로 혼잡했던 언어가 하나가 되었습니다. 각기 언어가 달라도 예수님이 들어가면 말이 통하고 하나가 될 수 있습니다. 그렇지 않으면 부모 자식 간에도 말이 통하지 않는 것이 현실입니다. 하나님이 우리를 흩으신 사건을 통해 주님의 이름을 부르게 됩니다. 우리의 목적이 성공과 돈이 아니라 하나님으로 변하게 됩니다.

세상은 '뭉치면 살고 흩어지면 죽는다'고, 목표를 이루기 위해 뭉쳐야 한다고 말합니다. 그런데 본문을 보니 하나님은 우리가 뭉치면 죽고 흩어지면 산다고 하십니다.

뭉치면 짓는 죄악이 있습니다.(창세기 11:1-4)

사명을 거스르고 끼리끼리 뭉쳐서 능력과 재물과 명예의 성을 쌓으며 흩어짐을 면하고자 하는 것은 하나님을 반역하는 죄악입니다. 내 마음에 맞는 사람하고만 어울리고, 끼리끼리 뭉쳐서 우리만의 언어를 쓰고 싶어 하는 죄를 회개합니다.

흩어지면 살 수 있습니다.(창세기 11:5-9)

내가 열심히 짓는 학업과 사업, 사역의 목적이 하나님께 있는지 내 명성에 있는지 하나님께서 다 보고 계십니다. 그래서 언어를 혼잡케 하시고 온 지면에 흩으시는 것이 하나님의 묘략이고 은혜인 것을 알았습니다. 정신적, 육체적으로 흩어짐을 당하면서 우리끼리 잘 먹고 잘살아 보겠다는 나만의 성 쌓기를 그치게 하소서.

이제 구원의 성을 쌓아야 합니다.(창세기 11:1-9)

나와 내 가족만 잘 살아 보려던 노력을 다른 사람의 구원을 위해 사용하게 하소서. 하나님의 구원 계획을 이루시려고 생육, 번성, 충만하게 온 지면에 흩으시는 흩어짐의 축복을 누리기 원합니다. 우리의 가정과 직장과 교회에 흩어짐의 축복이 임하여 각자의 자리에서 구원의 성을 쌓아 가도록 기도합니다.

우리들 묵상과 적용

일본의 탐험가이자 등반가인 우에무라 나오미 씨가 쓴《내 청춘을 산에 걸고》를 읽고 그의 삶에 큰 감명을 받아 25년 전에 유학을 갔습니다. 내 능력으로 원하는 대학과 대학원에 들어갔고 석사 과정을 마치고 일본 문부성의 엄격한 심사를 거쳐 공립대학의 강사가 되었습니다. 그리고 일본의 북알프스 산록에 다테야마 산장이라는 산악연구소를 세웠습니다. 그 이후로 점점 더 산에 매료되어 섬김의 십자가 대신 교만의 배낭을 메고 히말라야를 오르며 욕망과 집착의 바벨탑을 쌓았습니다. 점점 제 이름이 알려지고 주위에서 받들어 주면서, 저는 일본 여인들을 탐하며 허랑방탕하게 살았습니다. 절제되지 않은 삶과 음란을 죄악이라고 생각하지 않고 살아온, 생기가 빠진 산짐승이나 다름없었습니다.

물질의 풍요와 사회적인 지위를 누리며 문란하고 절제되지 않은 삶을 살았기에 저의 인생은 극심한 혼란으로 무너지고 있었습니다. 공허함을 채우려고 각종 산악 훈련과 스키 훈련을 마스터하며 일본 산악 칼럼 리스트로 이름을 날리고 다녔습니다. 각종 매스컴의 동행취재와 유명 브랜드의 협찬으로 이름뿐만 아니라 얼굴도 하늘을 찌르는 교만으로 가득했을 즈음, 하나님은 쓰나미로 한순간에 저의 산악 인생을 흩어지게 하시고 물질을 송두리째 거두어 가셨습니다.

결국 절친한 선배님들께 전적으로 물질을 의존하면서 분노의 시간을 보내던 가운데 또 다른 사건이 찾아왔습니다. 방광암 통보를 받은 것입니다. 수술 과정은 힘들지 않았지만 매주 방광에 주입하는 고통스러운 결핵균 치료를 받으며 하나님은 제가 가장 신뢰하고 믿었던 육체마저도 내려놓게 하셨습니다. 모든 걸 잃고 주님께 진심의 기도를 드리고 있을 때 친구를 통하여 아내를 만났고, 아내는 저를 우리들교회로 인도해 주었습니다. 주님을 영접하면서 제 삶은 변하기 시작했습니다. '내 죄도 잘 닦으면 여러 생명을 살릴 수 있는 약재료가 되겠구나' 하는 용기를 갖게 되었습니다. 또 교회의 목장 공동체를 통해서 예수 그리스도의 빛이 들어오면서 믿기 어려운 변화가 생기기 시작했습니다. 지나온 저의 과오가 눈앞에 보이기 시작한 것입니다. 세속에 찌든 배낭 대신에 십자가를 지기 위한 훈련은 오늘도 계속되고 있습니다. 매일 말씀으로 세상의 힘을 빼고, 내 이름이 아닌 하나님의 이름을 높이는 자로 살기 원합니다.

◇◇◇◇

기도

하나님 아버지, 하나님께서 우리에게 주신 하나의 언어로 서로 사랑하고 힘든 사람을 향해 나가야 하는데, 마음이 맞는 사람과만 뭉쳐서 원하는 곳에서 이름을 내기 원하는 모습이 있습니다. 명예욕에 사로잡혀서 반역하는 모습이 저의 모습임을 고백합니다. 나도 모르는 사이에 이렇게 하나님을 끊임없이 공격하고 반역할 수밖에 없는 악독이 있는 것을 불쌍히 여겨 주시옵소서.

하나님은 인생이 쌓은 성읍과 탑을 보려고 강림하셨지만 우리의 모든 것을 없애지 않으시고 쉽게 멈추시는 모략을 베푸셨습니다. 우리에게 어떠한 흩어짐이 있습니까. 남편, 아내, 부모 자식의 관계, 재물과 건강이 흩어졌습니까. 그 동안 하나님이 주신 것으로 하나님의 이름을 부르지 않고, 예배를 소홀히 하고, 주님의 이름을 부를 때도 감격이 없었습니다. 그런데 이렇게 훌으시는 사건이 오니 주님의 이름만 불러도 눈물이 나고 감격이 됩니다. 그래서 훌으시는 사건이 사랑이고 축복인 것을 알았습니다.

혈우병 아이를 둔 엄마가 깜깜한 밤에 일주일에 몇 번씩 예배를 사모하며 아이를 데리고 오는 그 감격함이 우리에게 있게 도와 주시옵소서. 우리 자녀들이 바벨탑을 쌓는 것 같은 성과를 올리더라도 혹은 실패하더라도 우리의 최종 목적이 하나님이 되게 하시옵소서. 예수님의 이름으로 기도합니다. 아멘.

chapter 12

우리에게 주신 것과 흘으신 모든 것에까지
감사하는 우리가 되기 원합니다.
생명의 족보에 올라
주님 다시 오시는 날까지
구원을 이루어 가는 우리가 되게 하옵소서.

생명의
족보를
이어가라

17세기 초, 타락한 영국 교회에 대항해 청교도들은 신앙의 자유를 지키고자 일엽편주에 몸을 싣고 신대륙으로 향했습니다. 모든 기득권과 생명을 내어놓고 간 그 길에 하나님은 어마어마한 복을 부어 주셨습니다. 그들이 일구어 낸 나라가 바로 세계 최강대국 미국입니다.

이렇게 엄청난 복을 받아 미국이 최고의 부자 나라가 되었지만 그 부 때문에 타락하는 것을 봅니다. 그래서 가장 큰 축복은 영적 축복입니다. 생명의 족보에 이름이 올라가는 것이 제일입니다. 생명의 족보에 올라가기 위해서 우리는 어떤 환경에서도 마지막까지 감사해야 하는데, 생명의 족보에 올라가는 사람이 어떤 사람인지, 또 그러기까지 어떤 방해가 있는지를 살펴보겠습니다.

영적 생명을 낳는 자들이 생명의 족보에 오른다

창세기 11장 10-32절까지는 생명의 족보가 등장합니다. '낳았고, 낳은 후에, 낳았으며'가 반복되는 족보입니다. 창세기 4, 5, 10장에 이어 나오는 네 번째 족보인데, 창세기 10장의 족보가 셈과 함과 야벳이 어떤 인종이고 어디서 거했는지를 말한다면, 11장은 거기서 다시 셈의 일가를 추려 냅니다. "셈의 하나님 여호와를 찬송하리로다"(창 9:26)라는 노아의 예언이 성취된 것을 보여주는 족보입니다.

바벨탑 사건을 통해 세계는 둘로 나뉩니다. 믿는 족속을 괴롭히는 함과 바닷가에 거하면서 부유함으로 영적인 것에 관심이 없는 야벳이 하나로 묶이고, 셈이 홀로 믿는 족보로 갈립니다. 인간 중심의 나라와 하나님 중심의 나라로 나뉘는 것입니다. 바벨탑을 쌓는 죄의 결과로 언어가 혼잡하게 되었고, 족보를 보면 알 수 있듯이 수명이 극도로 단축되었습니다. 홍수 이전의 평균 나이는 858살인데 홍수 후에는 300살, 200살을 넘지 못하게 됩니다. 아이를 낳는 나이도 홍수 이전에는 평균 156세였는데, 나중에는 거의 1/4 수준인 43세 전후로 내려갑니다. 그러면서 '인생의 연수가 칠십이고 강건하면 팔십'이라는 시편 말씀대로 인간의 수명이 지금의 수준까지 줄어들게 됐습니다. 죄인인 인생이 살아서 하는 일이 죄짓는 것밖에 없어서 빨리 데려가시는 것이 하나님의 사랑입니다.

죄로 인해 수명이 짧아졌다면 수명 연장의 비결은 죄를 짓지 않는 것입니다. 그런데 죄 문제를 해결할 수 있는 사람이 없습니다. 그래서 나를 위해서 예수님이 십자가에 죽으시고 부활하신 것입니다. 십자가 외에는 죄의 해결방법이 없기에, 우리가 믿기만 하면 됩니다.

셈의 후예는 바벨탑 사건을 통해 자기 죄를 보는 사람들입니다. 그러므로 '낳았고, 낳은 후에, 낳았으며'의 인생, 즉 영적 자손을 낳는 인생을 살게 됩니다. 육적으로 흩어짐을 당하는 어려운 일을 겪었을 때 영적으로 하나로 뭉쳐서 영적인 언어를 쓰고 계속 전도해야 하는데, 함과 야벳의 후손은 이것을 깨닫지 못합니다.

함은 천하의 영웅 니므롯이 있습니다. 야벳은 바닷가에서 무역하여 잘 먹고 잘살고 있습니다. 이런 사람들이 끼리끼리 동업을 하고 결혼을 하다가 흩어짐의 사건을 당하면 해석이 안 됩니다. 바람을 피우고 사업이 망하면 그 흩어짐을 못 견디고 죽어 갑니다.

상처가 왕 노릇하고, 감정과 시간을 사냥하는 인간 사냥꾼이 되고, 우아하게 바닷가 거닐던 것만 생각나서 십자가 적용을 못 합니다. 이들의 주제가가 "나 그냥 이혼하고 말 거야, 죽고 말 거야, 난 그렇게는 못 살아"입니다.

한 집사님이 목장에서 이런 나눔을 올려 주셨습니다.

남편과 이혼 직전이다. 남편은 '넌 위자료라도 건지지만 난 뭐냐' 고 한다. 남편이랑 잘되고 싶은 맘은 눈곱만큼도 없다. 남편은 집에 들어오는 순간부터 TV를 틀고 간식을 옆에 죽 깔아놓고 먹는다. 잠깐 이동할 때도 눈은 TV에 고정되어 있다. 아이 낳고 바로방도 따로 쓰게 되었다. 몇 년 전 아이를 위해 남편과 관계를 개선해 보려 노력했었다. 시장을 잔뜩 봐 가지고 남편이 좋아하는 샤브샤브를 준비하느라 바빠서 아들의 양치 좀 시켜 달라 했더니 남편이 싫다고 했다. 할 수 없이 야채 씻는 걸 중단하고 아이 양치를 도와주는데 아이가 졸립다고 계속 찡찡거렸다. 시장 봐 온 회를 먹으며 TV 보고 있던 남편이 시끄럽다며, "이XX야, 지금 양치하지 말랬잖아" 하며 소리 지르는데 다시 잘 해보려던 맘은 없어지고 남편이 먹고 있던 회 접시를 발로 걷어차 버렸다. 그때 남편에게 맞아서 머리에 혹이 나고 눈이 멍들었다. 맞은 증거를 사진으로 찍어두었다. 어느 정도 수입만 유지되면 애 데리고 혼자 살고 싶다. 사업이 어려워지니까 남편은 라이터를 켜며 다같이 죽자는 소리도 한다. 지금은 눈물도 안 나오고 설교 말씀도 안 들리고 옆에서 해주는 어떤 말도 안 들린다.

하나님의 생기가 들어가지 않은 남자는 흙 덩어리요 짐승입니다. 먹는 것밖에 모릅니다. 그러면 "네가 인간이냐?" 하지 말고 '인간이 아니구나' 생각하면 됩니다. 행위로 따지면 이런 남편과 어떻게 살겠습니까. 그러나 못살겠다고 헤어지면 생명의 족보를 이어가지 못합니다. 하나님의 형상이 회복된 내가 다른 언어와 다른 태도, 다른 표정을 가져야 합니다. 말씀이 들리는 내가 먼저 회개해야 합니다. 남편이 짐승 같은 행동을 해도 내 죄를 먼저 보는 것이 셈의 후손입니다.

셈의 후손이 영웅도 없고 돈도 없어도 이들이 자녀를 예수 믿게 했습니다. 원어로 보면 '그리고 그는 거기에 있었다'라는 의미입니다. 아내의 자리, 남편의 자리, 엄마의 자리에 있는 것만으로도, 그 자리에 머물러 있기만 해도 생명의 족보에 올라가는 위대한 인생이 됩니다.

저에게는 결혼이 흩어짐을 당한 사건이었습니다. 돈이 좋아서 결혼했지만 무서운 남편과 시댁 식구들 밑에서 피아노도 못 치고, 돈도 못 쓰고, 나가지도 못했습니다. 옷도 사 입지 못하고, 미장원도 가지 못했습니다. 나의 시간과 감정과 외모 모두를 훼방당했습니다. 내가 이렇게 살 사람이 아닌데 하면서 날마다 죽고 싶고 이혼하고 싶었습니다. 그런데 하나님이 성경을 보게 하시고 말씀이 깨달아지게 하셨습니다. 말씀을 보니 내가 돈이 좋고 인정 받는 게 좋아서 그런 결혼을 했다는 걸 알았습니다. 죽을 수밖에 없는 상황에서 그것이 제 삶의 결론인 것을 알고 회개했을 때 하나님이 저를 '낳았고, 낳은 후에, 낳았으며'의 인생으로 삼아 주셨습니다. 여전히 외출을 못하고 집에만 있어도 있는 자리에서 말씀 보고 전도하는 인생을 살게 하셨습니다.

함과 야벳이 2대에서 끝난 것에 비해서 셈의 족보는 10대까지 기록됩니다. 지면 낭비가 아닌가 싶을 만큼 유명하지 않은 사람들의 이름이 하나하나 기록되었습니다.

셈, 함, 야벳에서 셈으로 골라내시고, 셈의 다섯 아들 중에서도 셋째 아들 아르박삿을 골라내십니다. 계속해서 우리의 부정함에서 거룩함을 골라내십니다. 목사 자녀라고 다 구원받는 것 아닙니다. 구속사의 계보를 쓰기 위해서 하나님이 우리에게 사건을 주시고, 그 흩어짐에서 내가 하나님께 어떻게 반응하는지 보십니다. 고난 가운데서도 회개함으로 거룩을 이루는 사람이 영적 자녀를 낳아 생명의 족보에 올라갑니다.

존 맥스웰의 《인생성공의 법칙》에는 로저 크로포드 이야기가 나옵니다. 그는 어머니 뱃속에 있을 때부터 장애인 판정을 받았습니다. 의사는 엄지손가락 같은 것이 그의 오른쪽 팔뚝에 돌출해 있고, 왼쪽 팔에서는 손가락이 자라고 있다고 했습니다. 그는 손바닥이 없습니다. 다리와 팔은 짧고, 왼쪽 다리에는 발가락이 3개만 붙어 있는 주름진 발이 있습니다. 하지만 로저의 부모는 하나님이 주신 생명이기에 로저를 낳았습니다. 부모는 로저가 사랑받고 있다는 것을 느끼고, 독립심을 키우도록 양육했습니다. 그렇게 성장한 로저 크로포드는 컨설턴트, 대중연설가가 되어 500대 기업들, 정부기관과 함께 일했습니다.

어느 날 그와 비슷한 장애를 가진 사람이 그의 기사를 읽고 찾아왔습니다. 로저는 그를 격려해 주고 자신처럼 될 수 있다고 했지만, 그는 늘 인생의 모든 것을 비판하는 사람이었습니다. 의사 탓을 하고, 직장에서는 자신을 차별한다면서 지각과 결근을 일삼았습니다. 세상이 자기를 책임져야 한다고 화를 내고, 심지어는 로저가 그의 절망에 공감하지 않는다면서 화를 냈습니다.

결국 로저는 그의 신체가 회복된다 하더라도 불평과 불만이 가득한 삶을 살 것이라는 생각을 했습니다. 로저는 말합니다. 장애는 우리가 허락할 때만 장애가 된다고. 실제적이며 지속적인 제한은 바로 마음속에서 만들어진다고 말입니다.

힘든 환경에서 어떻게 반응하는가가 중요합니다. 말씀이 들리지 않았기 때문에 함과 야벳이 생명의 족보에 오르지 못했습니다. 그러나 콩가루 같은 환경에서 셈의 후예는 이렇게 생명을 낳으며 수많은 이름을 족보에 올렸습니다.

◇◇◇◇◇   내가 당한 고난의 환경에서 몇 사람을 전도하고 몇 사람을 양육했습니까. 사람의 수가 중요한 것이 아니라, 한 사람이라도 내가 전한 복음을 받아들이고 믿음으로 자라가는 열매가 있습니까. 부도가 나서 사업이 흩어지고 가족이 흩어져도 함께 예배드리고 큐티하면서 생명의 족보에 오르는 축복을 누리고 있습니까.

27절부터는 족장 시대의 서론이 시작됩니다.

> [27] 데라의 족보는 이러하니라 데라는 아브람과 나홀과 하란을 낳고 하란은 롯을 낳았으며 [28] 하란은 그 아비 데라보다 먼저 고향 갈대아인의 우르에서 죽었더라(창 11:27-28)

갈대아 우르는 세계 4대 문명의 발상지로, '빛의 도시'라 불리는 화려한 도시였습니다. 데라의 고향이 우르인데, 하란으로 자녀들과 손자를 데리고 간 것 같습니다. 탑 모양의 지구라트를 중심으로 온갖 우상숭배가 행해진 하란은 월신을 섬기며 자녀교육에 열심이던 데라에게 퍽이나 매혹적이었을 것입니다.

생명의 족보에 올라가기까지 끊어야 할 것이 있습니다.

첫째, 우상숭배를 끊어야 합니다. 온갖 이방신 숭배가 판을 치는 화려한 갈대아 우르에서 떠나기가 참 어렵습니다. 고도의 사랑과 지혜, 총명이 필요합니다. 그냥 "예수 믿으세요" 해서 되는 것이 아니라, 내가 예수님을 믿고 말씀으로 나 자신을 들여다보지 않으면 아무리 고난을 많이 받았어도 우상숭배의 자리에서 다른 사람을 끌어내기가 어렵습니다. 우상을 쫓아낼 때도 총명과 지식과 예의와 도덕이 필요합니다.

둘째, 자식을 앞세운 슬픔이 방해가 되었습니다. 남들은 30-40세에 낳는 자녀를 데라는 70세부터 낳기 시작했습니다. 그런데 늦게 낳은 아들 하란이 먼저 죽었습니다. 자식이 죽으면 가슴에 묻는다고 할 만큼 자식의 죽음은 너무나 아픈 일입니다. 우리 곁에 천국에 관심도 없이 떠나갈 식구들이 있지 않습니까. 그가 죽는 것이 충격이 아니라, 구원받지 못하고 가는 것에 가슴이 아파야 합니다. 결국 자녀를 잃은 슬픔도 약속의 땅으로 떠나는 데에는 방해가 됩니다.

셋째, 사래의 불임이 방해가 되었습니다.

> [29] 아브람과 나홀이 장가 들었으니 아브람의 아내의 이름은 사래며 나홀의 아내의 이름은 밀가니 하란의 딸이요 하란은 밀가의 아버지이며 또 이스가의 아버지더라 [30] 사래는 임신하지 못하므로 자식이 없었더라 (창 11:29-30)

아브람은 이복누이인 사래와 결혼을 했는데 자녀가 없습니다. 아브람의 사촌인 나홀과 밀가가 결혼해 브두엘이 나오고 나중에 그가 이삭의 아내인 리브가의 아버지가 됩니다. 사촌은 자녀를 이렇게 잘 낳고 있는데, 곁에서 보고 있는 아브람의 마음이 어땠을까요.

> 데라가 그 아들 아브람과 하란의 아들인 그의 손자 롯과 그의 며느리 아브람의 아내 사래를 데리고 갈대아인의 우르를 떠나 가나안 땅으로 가고자 하더니 하란에 이르러 거기 거류하였으며 (창 11:31)

'가고자 하더니', 즉 가고자 했는데 머물렀습니다. 또 다른 방해가 있었는데 그것이 무엇입니까? 창세기 12장 5절에 보면, 데라가 하란에서 재물을 모았다고 했습니다. 떠나려는데 갑자기 사업이 잘 풀립니다. 떠나려는데 로또를 맞았습니다. 그래서 "잠깐만 있어보자"를 외치다가 데라가 결국 하란에서 죽었습니다. 그렇게 경고하셨어도 듣지 못하고 약속의 땅으로 가지 못했습니다. 그래서 돈이 없고 환경이 열악한 것이 약속의 땅으로 가는 데는 오히려 축복일 수 있습니다.

◇◇◇◇◇　자녀가 공부를 잘해서, 키우는 재미, 돈 버는 재미에 빠져서 '가고자 했지만' 하란에 머물러 있습니까? 출발을 하고도 떠나지 못하는 나의 하란은 어디, 누구입니까. 누가 막아서가 아니라 내 욕심과 야망이 생명의 족보를 방해하는 것을 알고 있습니까.

죽어야 이 모든 방해가 끝난다

생명을 낳는 족보가 끝나고 창세기 12장부터는 족장의 역사가 펼쳐집니다. 성경을 두 부분으로 나누면 창세기 1장부터 11장까지가 한 그룹이고, 창세기 12장부터 요한계시록까지가 남은 한 그룹입니다. 그런데 창세기 11장이 죽음으로 끝나는 것을 주목하십시오.

데라는 나이가 이백오 세가 되어 하란에서 죽었더라(창 11:32)

아버지 데라가 죽었을 때에야 아브람이 약속의 땅을 향해 가는, 생명의 족보에 오르는 인물이 되었습니다. 데라는 전형적인 부모입니다. 자식에 대해 열심이 있고 열심히 돈 버는 사람인데, 이 아버지가 약속의 땅으로 가는 길을 막는 것입니다.

가부장적인 족장 시대에 어떻게 아버지를 놓고 떠날 수가 있겠습니까. 중요한 상황인데 효도한다고 발목 잡혀 있는 겁니다. 제가 예수님을 만나지 못했을 때에는 남편의 사랑과 인정을 갈구하며 순종이 아닌 맹종을 바쳤습니다. 그러나 하나님의 사랑을 알게 되자, 남편을 대하는 나의 표정에 평강이 임했습니다. 나를 안 챙겨 줘도, 욕을 하고 화를 내도 내공이 쌓여서 "알았어요" 하고 대답할 수 있었습니다. 남편에게 인정받기 위해서가 아니라 그의 구원을 위해 순종하면서 있는 자리에서 열심히 영적 생명을 낳았습니다. 그의 구원을 위해 생명을 내어놓고 기도했기에, 저는 가장 큰 사랑으로 그의 마지막까지 지켜볼 수 있었습니다.

세상의 가장 큰 사랑과 효도는 구원받도록 예수님께 이끄는 것입니다. 내가 구원받은 사람이라면 나는 왕 같은 제사장입니다. 내가 복의 근원이기에 양가 친척들이 나로 인해 복을 받게 됩니다. 내가 복의 근원이고 통로가 되었는데 나만 구원받고 부모와 배우자의 구원에 관심이 없다는 건 말이 안 됩니다.

토니 험프리스의 《가족의 심리학》에서는, 미국의 한 주에서 실시하고 있는 부모교육 프로그램에 관한 이야기가 나옵니다. 부모 노릇하기가 너무나 어려운데 5만 원을 투자해서 그 프로그램에서 교육을 받으면, 앞으로 자녀들의 범죄 행위, 치료 비용, 심리적 비용 등을 합쳐 25만 원을 아낄 수가 있답니다. 건강한 가족을 형성하는 데 결정적인 것은 양쪽 부모가 다 있느냐보다는 정서적으로 성숙한 한 사람이 있느냐라고 합니다.

불행한 나와 불행한 네가 만나 불행한 우리가 됩니다. 그러나 중요한 것은 성숙한 나 한 사람입니다. 말씀 듣는 한 사람이 있으면, 내가 복의 근원이 되어서 모든 가족과 집안이 살아날 것입니다. 그러니 이제 제발 이혼 타령 그만하십시오. 제가 30대 중반에 남편을 잃고 아이들을 키웠는데, 아이들이 상처받거나 비뚤어지지 않고 여기까지 왔습니다. 주일 예배, 목장예배, 수요예배와 각종 양육을 잘 받는 것이 얼마나 남성성과 여성성이 조화되는 놀라운 부모교육 프로그램인지 모릅니다. 그래서 예배를 사모하고 말씀을 묵상하는 우리의 자녀들은 몇십 억의 영적 투자가치를 창출해 낼 것입니다.

◇◇◇◇◇ 효자 효녀가 되려고 부지런히 섬깁니까. 자녀에게 효도를 받겠다고 밤낮으로 수고합니까. 모든 것을 베풀고 나눠도 하나님의 말씀을 심어 주지 않는 효도와 양육은 헛된 것임을 알고 있습니까.

청교도들이 미국에 도착해 땅을 개척하느라 피와 땀과 눈물을 쏟았습니다. 여행하는 배 속에서 죽고, 도착해서는 풍토병과 원주민들과의 싸움으로 죽어 갔습니다. 그러나 그들이 무명한 자가 되어서 낳고 낳고 또 낳는 생명의 족보를 이루어 냈기에 지금 미국이 세계 최고의 강대국이 되었습니다. 그 가운데 록펠러 같은 부자가 나와서 전 세계를 도왔습니다. 록펠러의 어머니가 아들을 청교도적인 신앙으로 키웠습니다. 록펠러 어머니가 남긴 신앙 십계명이 다음과 같습니다.

1. 하나님을 친아버지 이상으로 섬겨라.
2. 목사님을 하나님 다음으로 섬겨라.
3. 주일예배는 본 교회에서 드려라.
4. 십일조는 하나님의 것이므로 먼저 구별한 후 나머지를 사용하라.
5. 아무도 원수로 만들지 마라.
6. 아침에 목표를 가지고 기도하라.
7. 잠자리 들기 전 하루를 반성하는 기도를 하라.
8. 아침에 하나님의 말씀을 읽고 묵상하라.
9. 남을 도울 수 있을 때에는 힘껏 도와라.
10 예배시간에 항상 앞자리에 앉아라.

주일을 거룩하게 지키며, 예배를 사모하는 신앙이 바로 청교도들의 유산입니다. 힘든 상황에서 늘 감사하고 하나님께 간구하면 하나님께서 더 큰 것들로 갚아 주십니다. 잘 먹고 잘살고 아이가 명문대에 붙어서 감사하는 것은 누가 못 하겠습니까. 그리 아니하실지라도 지금 기도할 수 있고, 하나님의 이름을 부를 수 있다는 사실이 감사한 것입니다. 자녀가 나를 힘들게 해서 내가 하나님을 부르게 된다면 그 자녀가 얼마나 감사합니까. 잘해도 감사, 못해도 감사, 그냥 살아 있어 줘서 너무 감사한 것입니다.

최고의 축복은 생명의 족보에 올라가는 것입니다. 흩어짐의 사건에서 영적인 생명을 낳아야 합니다. 남편이 화내고 욕하고 때리고, 자녀가 시험을 못 봐도, 영적 생명을 낳고 전도해야 합니다. 400년 동안 셈의 족보가 아무런 특징이 없었지만, 그들이 그저 살아 주었기에 예수님이 오셨습니다. 우리가 살아 있다는 것만으로, 자기 자리에서 역할 잘하고 있는 것만으로 생명의 족보에 올려 주실 것입니다.

우리가 드릴 수 있는 최고의 감사 예물은 눈물이라고 생각합니다. 눈물로 씨를 뿌리면 기쁨으로 거둔다고 말씀하십니다. 함과 야벳처럼 악으로 씨를 뿌려서 통한으로 거두지 말아야 합니다. 생명의 족보에 올라가기까지 우상숭배와 자식을 앞세운 슬픔, 불임, 이 자리에 안주하고 싶은 마음 등 수많은 방해가 있습니다. 그러나 이 가운데서도 은혜로 아브람이 언약의 땅을 향해 떠났습니다. 우리도 하나님의 은혜로, 모든 방해를 물리치고 생명의 족보에 올라가기를 간절히 원합니다.

우리는 육적인 복이 아닌 영적인 복을 구해야 합니다. 하나님이 주신 모든 것에 감사하며 생명의 족보에 오르는 것이 우리가 얻을 면류관입니다.

영적 생명을 낳는 자가 생명의 족보에 오릅니다.(창세기 11:10-32)

바벨탑 사건으로 흩어짐을 당하면서 함과 야벳은 인간의 역사에 속해 영적 계보를 잇지 못했습니다. 흩으시는 가운데 자기 죄를 깨닫는 셈의 후손이 '낳았고, 낳은 후에, 낳았으며'로 생명의 족보를 이어갑니다. 생명의 족보를 이어가기 위해 죄의 문제가 해결되게 하소서. 영웅이 아니고 부요하지 않아도 믿음을 물려주는 삶을 살기 원합니다.

끝없는 방해를 끊어야 합니다.(창세기 11:27-32)

생명의 족보를 이어가기 위해 우상숭배를 끊게 하소서. 집안의 제사와 우상을 끊고 복음을 전하기 위해서 하나님이 주시는 지혜와 구체적인 섬김과 예의를 갖기 원합니다. 내 자식 때문에, 돈 때문에 머물러 있는 저의 욕심과 집착을 회개합니다. 부모가 먼저 믿었건 자식이 먼저 믿었건 나를 통해 예수님을 믿게 됨으로써 진정한 가족을 이루게 하소서. 우리 가족이 생명의 족보에 오르기까지 수많은 방해가 있어도, 때마다 복음을 전하며 영적 생명을 낳도록 축복하시고 지켜 주시기를 기도합니다.

우리들 묵상과 적용

어릴 때부터 부모님은 늘 싸우셨습니다. 아빠는 꼼꼼하며 화를 잘 내셨고 엄마는 화통하고 정이 많지만 정리정돈을 잘 못하셨습니다. 저는 분노와 욕설이 심했던 아빠를 무척 무서워했습니다. 초등학교 때 아빠 친구 가족과 여행을 다녀오면서 제가 아빠 옆자리에 앉게 되었는데, 너무나 긴장해서 강원도에서 서울로 오는 내내 잠자는 척했던 기억이 있습니다. 사춘기에 들어서는 아빠에 대한 감정이 미움과 증오로 변했고, '아빠만 없다면…' 하고 생각한 적도 있었습니다.

그래서 이런 환경에서의 '탈출'을 꿈꾸며 결혼을 했는데 남편이 갑작스럽게 암에 걸리고 말았습니다. 교회 뜰만 밟던 신앙인이었던 저는 이 사건이 해석되지 않아 두려움과 원망으로 하나님 앞에서 울고 또 울었습니다. 딱히 의지할 지체도 없었기에 부모님께 교회에 같이 가 달라고 부탁드렸습니다. 곤고한 마음에 혹시나 하는 심정으로 부탁을 드렸는데 그 주부터 부모님 모두 교회에 나오셨습니다. 예배 때 찬양을 인도하시는 분이 손을 들고 찬양하자고 하면 아빠가 손을 번쩍 드시고 찬양을 따라 부르셨습니다. 제게 항상 완고하고 엄격한 모습만 보이셨던 아빠의 그런 모습을 보며, 남편의 고난을 통해 우리 부모님을 구원하시려는 것이 하나님의 뜻이 아닐까 생각했습니다.

하지만 부모님은 2년여를 교회에 나오시다가 사위가 죽음을 맞이한 이후부터는 교회에 안 나오고 계십니다. 사위의 암 사건으로 본토인 당신들의 고정관념과 교회에 대한 편견을 접고 가나안으로 가려고 길을 떠나셨는데, 사위의 죽음을 보면서 하나님을 신뢰하지 못하여 하란에 머물고 계십니다.

남편의 죽음으로 어쩔 수 없이 '가장'으로 살면서 그리고 공동체의 끊임없는 고백을 들으면서 저는 아빠가 왜 그렇게 화를 내셨는지, 무엇이 두려우셨던 건지 이해가 되어 아빠에 대한 원망을 회개할 수 있었습니다.

이제 어느덧 연세가 칠십이 넘으신 부모님은 최근까지 지방에서 지내시다가 얼마 전에 저희 집 근처로 이사오셨습니다. 부모님의 구원은 제가 신앙생활을 하면서 시작된 가장 오래된 기도 제목입니다. 하란 땅에 머물고 계신 부모님이 이제 그 자리를 떨치고 일어나 가나안 땅으로 들어오시길 오늘도 간절히 기도합니다. 인간적인 효도가 아니라 부모님의 구원을 위해서 매주 식사를 함께하며 부모님에 대한 고마움을 표현하려고 합니다. 남편도 없고 세상에서나 교회에서나 무명한 자 같은 저이지만, 약속의 말씀을 붙잡고 회개하는 한 사람이 되어 구속사의 족보에 오르기 원합니다.

◇◇◇◇

기도

하나님 아버지, 셈처럼 영적 자손을 낳는 것을 인생의 목적으로 삼고 가는데, 400년간이나 무명한 자로 살아야 한다니 무시 받는 것 같아 잠 잠하기가 힘듭니다. 아직도 육신의 정욕과 안목의 정욕, 이생의 자랑으로부터 벗어나지 못해서 함과 야벳이 제 속에 공존합니다. 불쌍히 여겨 주시옵소서. 지금 무명한 자 같으나 믿음으로 유명한 자가 될 나의 후손의 후손을 바라보면서 바라는 것들을 실상으로 놓고, 보지 못하는 것을 증거하는 믿음이 되도록 함께하여 주시옵소서.

주님, 부모와 배우자, 자녀를 주시고 거처와 건강을 주셔서 감사합니다. 그러나 부모와 배우자가 없어도, 자녀나 거처나 건강이 없어도 더욱 감사합니다. 어떤 땅 끝과 같은 환경에서도 주님을 사랑한다고 고백할 때 나와 내 옆의 모든 이들이 영적 생명을 낳을 것을 믿습니다. 눈물로 뿌린 씨를 기쁨으로 거둘 줄 믿습니다. 주님이 이 땅에서 맡기신 역할이 험악하고 볼품없을지라도 천국에서 우리가 함께 만나서 손잡고 기뻐 뛸 날을 바라보며, 묵묵히 살아만 있기를 원합니다. 예수님의 이름 부르면서 그렇게 살아 있어서, 주님을 남겨 주는 우리가 되도록 역사하여 주시옵소서. 예수님의 이름으로 기도합니다. 아멘.